영원한 인간상-진리의 첫 시민

소크라테스

코라 메이슨 지음 / 최명관 옮김

창
Chang
Books

국립중앙도서관 출판시도서목록(CIP)

```
소크라테스 : 영원한 인간상 - 진리의 첫시민 /
코라 메이슨 지음 ; 최명관 옮김. -- 개정판.
-- 서울 : 창, 2010   p. ;    cm
원표제: Socrates, the man who dared to ask
원저자명: Cora Mason
영어 원작을 한국어로 번역
ISBN  978-89-7453-153-9 04100 : \12000
소크라테스[Socrates]
160.222-KDC5
183.2-DDC21         CIP2010000934
```

이 책은 Cora Mason의 Socrates : The Man Who Dared to Ask (Boston : The Beacon Press, 1954)를 완역한 것이다.

차 례

- 그림 해설 ··· 4
- 옮긴이 머리말 ·· 19
- 지은이 머리말 ·· 21
- 서 론 ··· 23

제1장 소크라테스의 어린 시절: 크리톤의 회고 ········· 27
제2장 아테네의 석공 소크라테스 ······················ 39
제3장 신 들 ··· 51
제4장 기나긴 행군 ···································· 65
제5장 무신론자 아나크사고라스 ······················· 81
제6장 발 견 ··· 99
제7장 아폴론의 신탁 ································· 117
제8장 사 명 ·· 131
제9장 알키비아데스 ·································· 149
제10장 전쟁의 회오리 ································· 171
제11장 법정에 선 소크라테스 ·························· 195
제12장 소크라테스의 변론 ····························· 209
제13장 소크라테스의 최후: 크리톤의 회고 ············· 225

그림 해설

이 그림들은 소크라테스가 살던 아테네의 주민들 중 몇몇을 보여준다. 그 중의 어떤 이는 그와 특별히 친하게 지낸 상류 계급의 유한(有閑) 청년들, 그가 눈여겨보고 질문을 던진 노련한 장인(匠人)들, 그리고 그의 대화의 배경이 되는 다른 사람들, 즉 한가한 여인들, 노인들, 가난한 사람들이다.

보에오티아에 있는 유명한 도자기 제조 마을인 타나그라에서 만들어진 붉은 질그릇에 그려진 인물들과 아마도 펠로폰네소스 반도에 있는 아르카디아의 양치기 소년인 듯한 기도하는 소년을 제외하고는, 여기에 그려진 것은 모두 아테네에 속하는 것들이다. 도기 항아리에 까맣게 칠한 인물 그림들은 오래된 것으로, 소크라테스의 출생보다 적어도 반세기 정도 이전에 만들어진 것들이다. 그때에는 아직도 장인들의 그림을 그려 넣는 것이 유행하고 있었다. 경기자들의 그림들도 소크라테스의 할아버지가 그렸음직한 양식으로 그려져 있다. 그러나 다른 것은 모두 소크라테스 자신의 세기에 속하는 것들이다. 인용문들은 플라톤 혹은 크세노폰이 소크라테스의 말이라 하여 기록한 것들에서 따온 것이다.

보스턴 박물관의 윌리엄슨 양과 파머, 뉴욕 메트로폴리탄 미술관의 보트머박사, 그리고 애들로우 양에게 감사드린다.

"여자의 선함이 가정을 잘 운영하는 데 있는 반면, 남자의 선함이란 국가를 잘 운영하는 데 있다고 말씀하시지 않으셨던가요?"
"네, 그랬지요."
"그러나 만약 자제심과 정의로써 운영하지 않는다면 국가나 가정, 혹은 무엇이든 다른 일을 제대로 운영해 나아가는 것이 가능하겠습니까?"
"물론 가능하지 않겠지요."
"그래서 만약 여자나 남자가 선하다고 한다면 그들 모두에게는 똑같은 자질, 즉 자제와 정의가 요청되는 것이군요."

베짜는 여인들(뉴욕 메트로폴리탄 미술관)

구기 경기 선수들(아테네 국립 박물관)

씨름 선수들(아테네 국립 박물관)
"체육… 음악이 자매"

상품의 무게를 달고 있는 사람들(뉴욕 메트로폴리탄 미술관)

"가장 훌륭한 사람들, 그리고 신들이 가장 사랑하는 사람들은 그들의 일-농부의 농삿일, 의사의 치료하는 일, 정치가의 정치적인 생활 등-을 잘 하는 사람들입니다. 자신의 일을 제대로 해내지 못하는 사람들은 쓸모도 없을 뿐만 아니라 신들의 사랑도 받지 못합니다."

대장간(보스턴 파인 아츠 미술관)

"모든 사람을 대장장이라고 할 수 있습니까? 아니면 대장 기술을 가진 사람만이 대장장이입니까?"
"어떤 사람이 도구를 집어들었다고 해서 그 사람이 장인이 되는 것은 아닙니다. 그 도구를 사용할 줄 모르는 사람, 그리고 필요한 훈련을 받지 않은 사람에게 그 도구는 아무 소용이 없습니다."

휴식을 취하고 있는 나무 운반꾼(보스턴 파인 아츠 미술관)

"나는 나이 지긋한 분들과 대화를 나누는 것을 좋아합니다. 왜냐하면 그들에게 질문을 던지고 있노라면 마치 내가 여행자들에게 질문을 던지는 듯한 느낌을 갖게 되기 때문입니다."

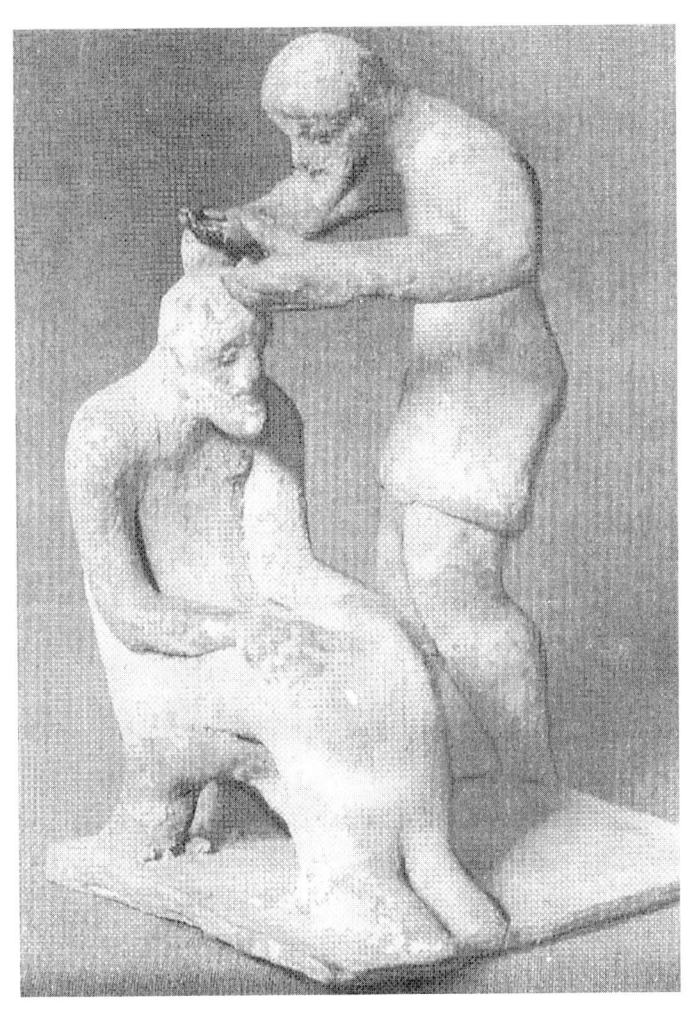

이발사(보스턴 파인 아츠 미술관)

가족을 위한 식사(보스턴 파인 아츠 미술관)

"아무리 적게 소유한 사람일지라도 처리를 잘 한다면, 그는 부유한 사람임에 틀림없습니다."

요리하는 남자(보스턴 파인 아츠 미술관)

"고기 한 덩이에 빵 한조각을 잘 어울리게 요리하곤 하는 사람은 많은 음식이 없어도 한 그릇의 음식으로 만족할 수 있습니다."

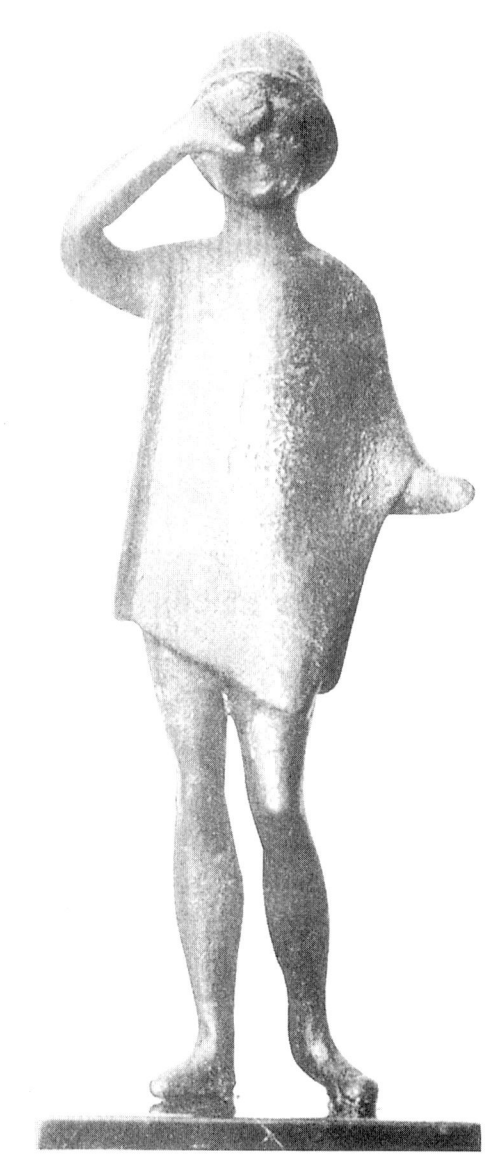

기도하는 소년(보스턴 파인 아츠 미술관)

영원한 인간상-진리의 첫 시민

소크라테스

소크라테스 : 끊임없이 질문을 던진 사람

옮긴이 머리말

 이 책은 코라 메이슨의 ≪소크라테스 ; 끊임없이 질문을 던진 사람≫(Socrates : The Man Who Dared to Ask)을 옮긴 것이다. 옮긴이가 원서를 처음 번역하여 출판한 것은 1967년의 일이었다. 이번에 다시 개정판을 출판하게 되면서 편집부의 도움으로 용어나 표현 등을 현재의 언어 감각에 맞게 우리말로 매끄럽게 다듬었으며, 참신한 편집 체제를 갖추게 된 것이다.
 소크라테스의 사상에 관해 정확한 역사적 사실로 알려져 있는 것은 극히 적다. 우리가 소크라테스의 사상에 관하여 알고 있는 것은 주로 플라톤을 통해서이다. 그런데 플라톤이 소크라테스가 말한 것으로 기록하고 있는 것들은 소크라테스 자신의 말이라는 플라톤의 사상이 가미된 것이다. 물론 거기에 소크라테스의 정신이 잘 드러나 있다고는 할 수 있을 것이다. 특히 플라톤의 초기 '대화편'들이 그러하다.
 저자가 소크라테스를 그리되 마치 한 편의 소설마냥 그 성장 과정을 다루고, 그의 사상이 돌을 쪼는 석공마냥 어떤 형상을 바라보면서 다듬어져 간 것으로 묘사한 것은 타당한 일이라 하겠다. 어차피 이 책은 그런 의미에서 한 편의 소설이다. 그러나 저자는 나름대로 소크라테스의 참모습을 추적해 보려고 노력했다고 평가할 수 있을 것이다. 소크라테스는 사람들의 이성에 호소하였다고 말할 수 있다. 그가 일생 동안 쉬지 않고 한 일은 사람들이 합리적으로 생각하도록 유도하는 일이었다. 이치에 맞지 않는 생각을 그칠 줄 모르는 질문을 통해 이치에 맞지 않는 생각을 바로잡아 가는 일, 대화의 상대방으로 하여금 스스로 자기의 빗나간 생각을 그가 일생 동안 추구한 일이라 하겠다.

오늘날 비이성적인 생각과 사상과 행태가 아직도 인류 사회 구석구석에 도사리고 있다고 하면 소크라테스의 활동은 지금도 빛을 발하리라고 믿어진다. 인간이 이성적 동물이라는 것은 소크라테스에게서 시작된 생각으로 간주되고 있다. 인간은 감정의 동물이기도하다. 인간은 비이성적인 일, 야만적인 일, 광적인 일을 무의식적으로 혹은 의식적으로 서슴지 않고 저지르기도 한다. 이런 점에서는 인간이 이성적 동물이라는 것은 사실이 아니고 이성적 동물이 되어야 한다는 한갓 이상의 표현에 지나지 않는다고 할 수도 있다. 그러나 한편 인간에게, 적어도 인류의 어떤 부분에는 이성이 활동해 왔고 또 활동하고 있음도 사실이다. 이런 의미에서 소크라테스의 사상과 그의 삶의 모습을 가끔 돌이켜 보는 것은 뜻있는 일이다.

2005년 5월 10일
산본 우거에서 최 명 관

지은이 머리말

소크라테스에 관한 이 해설은 누구보다도 플라톤과 크세노폰에 기초를 두고 있지만, 고대의 다른 저술가들과 현대의 많은 학자들의 도움을 받았다. 그렇지만 이것들은 단지 일반적인 것들을 언급할 따름이다. 내가 특별히 도움을 받은 것은 버언즈의 《페리클레스와 아테네》(이 책은 전쟁을 잘 재구성했는데, 나는 4장 '기나긴 행군'에서 이 재구성을 따랐다), 버네트가 편찬한 플라톤의 대화편들에 있는 주석들, 예거의 《파이데이아》 제2권에서였다.

몇몇 인용문, 특히 《라케스》와 《향연》에 있는 일화들을 압축한 인용문에서 나는 플라톤의 말을 아주 자유롭게 다루었다. 이 대화편들이 내포하고 있는 뜻을 충실하게 밝혀 보려 한 때문이었다. 이러한 것들은 다소 허구적인 성격을 띠고 있기는 해도 소크라테스에 관한 전승의 귀중한 원천이다. 4장 <기나긴 행군>과 9장 <알키비아데>에 나오는 짤막한 두 대화는, 1장과 마찬가지로 플라톤이 생각했던 것을 좀 축소하여 독자에게 전달하려 한 것이다. 소크라테스의 아버지가 석공이었다는 전승은 소크라테스의 어릴 적의 생활을 다루는 데 기초가 되었다.

나의 이 해설 작업에 아무런 책임이 없는데도 친절하게 도와

준 다음의 학자들과 저술가들에게 특별히 감사드린다. 내 글을 날카롭게 비판해 주고 화보 선택에서도 조언을 아끼지 않았던 도우, 원고를 읽고 검토해 준 핀리 2세, 너그러우면서도 정확하게 원고 교열을 도와준 필에게 감사드린다.

끝으로 이 책을 쓸 수 있는 기회와 이 책을 쓸 수 있는 바탕이 되는 고전을 공부할 수 있도록 배려해 주신 아버님께 특별히 감사드린다.

서 론

　노인은 누구나 한때는 소년이었다. 제각기 다른 어떤 종류의 소년이었다. 비열하고 냉소적인 노인일지라도 비열한 소년이 아니었을 수도 있다. 그러나 소크라테스처럼 활기가 넘치는 정신과 끊임없이 탐구하는 심정의 소유자였던 노인이 인생의 마지막 시기에 이르러서야 비로소 위대함의 씨앗을 얻게 되었다고 하는 것은 믿기 어려운 일이다.
　젊은 시절의 소크라테스에 관해서는 아무도 우리에게 많은 것을 말해 주지 않았다. 분명히 그는 허풍선이 친구 알키비아데스처럼 대중에게 중요한 인물은 아니었다. 그는 일생을 통하여 그러했듯이, 젊은 시절도 그저 성장하는 가운데 보냈던 듯싶다. 70년 동안 그는 다른 모든 것과 마찬가지로 그저 성장하기만 했다. 다만 훌륭하게 성장한 점에서 다른 것들과 다를 뿐이다. 그는 당시 일반 사람들이 품고 있던 신통치 못한 생각에서 성장해 나왔다. 그리고 만일 그 이후의 사람들이 좀더 나은 사고방식을 사용하려 할 때, 사용할 수 있었다고 한다면, 그것은 다분히 소크라테스의 덕분이었다.
　그러므로 소크라테스의 성장 과정을 이해해 보려고 하는 것은, 우리와 진실 사이에 많은 장애와 불분명한 것이 있기는 해도 가치 있는 일이다. 소크라테스 자신은 글을 쓴 적이 한 번도 없다.

글을 쓰는 일은 그의 생활 방식이 아니었다. 그러나 노년기의 친구들, 특히 재능 있는 친구요 철학자인 제자였던 플라톤이 그에 관하여 저술한 바 있다. 스승에 관한 깊은 인상을 주는 플라톤의 대화편들을 읽을 때 참으로 거기에 소크라테스의 생생한 모습이 있다고 느끼지 않는 사람은 아무도 없다. 비록 거기에 그려진 인물이 과연 얼마나 소크라테스를 닮았는가, 소크라테스에 대한 플라톤의 사랑이 얼마나 담겨 있는가, 플라톤 자신의 모습이 어느 정도 그려져 있는가 하는 것은 오래된 수수께끼이기는 하지만 말이다. 나는 분명히 플라톤 자신의 사상들은 가능한 한 문제 삼지 않았다. 그것은 이 책과는 상관이 없기 때문이다. 그러나 오늘날에 이르러서는 아무도 소크라테스와 그에 대한 플라톤의 사랑을 분리시키려 하지 않을 것이다. 도대체 그렇게 할 까닭이 전혀 없기 때문이다.

우리 자신이 소크라테스에 대해 가지는 공감은 플라톤의 경우와는 다른 또 하나의 애착심이다. 이교도 세계의 모든 사람 가운데 소크라테스를 우리 자신의 한 사람으로 여기는 것은 가장 쉬운 일이다. 다만 이때 24세기 동안에 있었던 여러 가지 변화는 잊어야 할 것이다. 우리가 의식하고 있건 의식하지 못하고 있건 우리들이 사용하는 낱말들은 그리스도교적 의미를 지니고 있다. 그리고 소크라테스가 사용하고 있는 낱말들에서도 그리스도교적 의미를 쉽게 발견할 수 있다. 그러나 이것은 혼란된 생각이요, 소크라테스는 대부분의 사람들보다도 더 혼란을 싫어했다. 그는 벗들이 당시 자신의 말을 이해했듯이, 우리가 자신의 말을 이해해 주기를 바랄 것이다.

 소크라테스의 젊은 친구들은 ─ 특히 플라톤이, 또한 군인이요 저술가였던 크세노폰도 ─ 그들이 20대였을 때 사랑했던 60세가 넘은 아주 현명한 사람 소크라테스의 모습을 우리에게 전해 주었다. 우리가 알아야 할 소크라테스의 다른 모습, 즉 중년의 군인, 젊은 학생, 소년, 어린이로 성장하는 소크라테스의 모습은 플라톤과 크세노폰의 시야를 넘어 또 우리 자신의 시야도 훨씬 넘어 조금씩 찾아져야 할 것이다.

 먼저 우리는 갓 태어난 어린 아기가 있었다고 말할 수 있을 뿐이다. 그 시기는 기원전 470년경이었다. 장소는 아테네 시에 있는 부유하지도 않고 아주 가난하지도 않은 중류층 가정이었다. 어머니의 이름은 파이나레테이고 아버지의 이름은 소프로니스쿠스였다. 소크라테스가 훗날 상기하고 있는 바와 같이, 어머니 파이나레테는 산파로서 이웃에 사는 부인들의 아기를 받아 주었는데 인내심이 많고 솜씨가 좋아 훌륭한 평판을 얻고 있었다. 그의 아버지 소프로니스쿠스는 장인이었던 듯싶다. 귀족이었던 플라톤은 언젠가 한번 점잖은 표현으로 이 점을 시사하였는데, 나중에 나온 전기들에서는 한층 더 공공연하게 소크라테스의 아버지는 석공이었으며 아들 또한 같은 일을 배우면서 자랐다고 말하고 있다. 그러나 이것은 그 아이가 소년이 된 이후부터나 기대할 수 있는 일이었을 것이다.

 그러므로 석공인 소프로니스쿠스는 아내의 침상 곁에 서서 갓 태어난 아들의 손을 들여다보면서 이 아이도 자라서 장인이 되려니 생각했을 것이다. 그는 자기 아들이 철학자가 되리라는 것, 그래서 자기는 철학자의 아버지가 되리라고는 꿈에도 생각지 않았던 것이다.

물론 철학자로서의 소크라테스의 탄생은 나중에 있었던 일이다. 청년들을 도와 철학자가 되도록 그를 인도한 사상은 천천히 탄생하였다. 우리가 이 사상들이 언제, 왜, 어떻게 탄생하기 시작했는지 알아내기란 아주 힘든 일이다. 그러므로 우리는 다만 플라톤의 전기에 따라 대체로 역사적인 사실에 맞는 방향으로 철학자 소크라테스의 탄생에 대한 이야기를 구성해 갈 수 있을 따름이다.

제 1 장

소크라테스의 어린 시절
-크리톤의 회고

기원전 4~5세기경 고대 아테네가 한창 번성하던 무렵, 로마는 한가한 시골 마을에 지나지 않았다. 영국은 선원들이 이야기해 주는 전설과도 같은 곳이었고 아메리카 대륙은 알려지지 않은 곳이었다. 서구 세계는 오직 그리스를 바라보고 있을 뿐이었다. 그때 그리스의 도시 아테네에서 소크라테스라는 한 소년이 철학자로 성장해 가고 있는 것을 알아챈 사람은 아무도 없었다. 아니 아무도 없었다는 것은 좀 그릇된 표현일지도 모른다. 그의 친구 크리톤은 예외였을 수도 있으니까 말이다. 크리톤은 소크라테스와 어렸을 때부터 친구였다. 따라서 그는 소크라테스가 철학자로 성장해 가는 것을 계속 보아 왔을 것이며, 늙은 후에도 그것을 기억했을 것이고, 또 이 책에 씌어 있는 것과 같은 이야기를 했으리라고 여겨진다. 그의 이야기 이외에 이 책에 나오는 많은 이야기들은 소크라테스에 관한 자료들, 즉 역사책이나 옛날의 비석, 그리고 소크라테스의 제자들, 특히 플라톤의 저술을 토대로 간추려진 것이다.

그러나 첫째 장 소크라테스의 어린 시절에 관한 이 이야기는 크리톤만이 기억하고 있는, 크리톤만이 할 수 있는 이야기이다. 따라서 크리톤의 회고야말로 가장 타당한 이야기라고 할 수 있을 것이다. 소크라테스를 처음 보았을 때―그것은 아마도 내가 학교에 처음 들어갔을 때였을 것이다. 아니 어쩌면 학교에 들어가기 전이었는지도 모른다. 그의 집과 우리 집은 그리 멀지 않은 곳에 있었으니까 — 나는 그가 아테네에서 제일 못생긴 소년이라고 생각했다. 그러나 이 생각이 아주 옳았다고는 할 수 없다. 물론 그의 피부는 여느 아이들의 피부보다 더 꺼끌꺼끌해 보였다. 두 눈은 개구리 눈알처럼 툭 튀어나와 있었으며, 입술은 몹시 두꺼운 데다가 코는 마치 요람에서 잘못 비벼댄 것처럼 뭉툭했다. 학교 친구들은 그를 '개구리'라고 놀려댔다. 그러나 그의 얼굴에는 특별히 나쁜 점이나 상처 또는 병색 같은 것은 없었다. 나는 그의 얼굴을 찬찬히 들여다보는 일을 곧 그만두었다. 그럼에도 불구하고 이렇게 지금 그의 얼굴에 대해 새삼스럽게 다시 이야기하는 이유는, 소크라테스를 잘 모르는 사람이 그의 얼굴을 한 번 보았으면 하는 생각을 가질 수도 있으리라 여겨지기 때문이다. 정작 친구가 되면 얼굴 생김새, 피부, 골상(骨相)에 대한 느낌이 달라지는 법이다. 나는 그 무렵 그의 얼굴이 그에게도 어떤 영향을 미쳤다는 사실을 알고 있었다. 나는 일찍부터 그가 자신의 얼굴에 대해 우스갯소리를 하는 것을 들었다. 그는 자기 눈은 사방을 다 잘 볼 수 있도록 만들어져 있으며, 길고 똑바른 코보다 뭉툭한 코가 훨씬 냄새를 잘 맡는다고 말하곤 했다. 물론 그도 자신의 얼굴에 관해 농담을 할 수 있을 정도가 되기 전까지는 못생겼다고 놀려대는 다른 소년들과 싸우기도 했다. 그리고 싸우기를 그만둔 후에도 내부적으로, 즉 마음속으로는 끊임없이 싸우고 있다는 사실을 나는 잘 알고 있었다. 따라서 못생긴 그의 얼굴은 그에게 어떤 변화를 일으키게 했다고 할 수 있다. 그것은 대단히 큰 변화였지만 아마 그 누구도 알아차리지는 못했을 것이다. 그만큼 그는 전체적으로 아주 행복해 보이는 소년이었다. 여러 해 뒤에 어떤 사람이 소크라테스가 기도를 드리는 것을 듣고서 그 기도에 관한 이야기를 나에게 해주었다. 그 사람은 소크라테스와 함께 시골을 여행한 적이 있었는데, 그때 소크라테스는 그곳의 신들에게 기도를 드리고 싶어했다고 한다. 이와 같은 일 ─ 편안한 상태에 있을 때 기도를 드리고 싶어 하는 일 ─ 은 참으로 소크라테스다운 일이었다. 마찬가지로 그가 드린 기도의 내용 역시 지극히 그다운 것이었다. 그는 풍부한 지혜, 그 지혜를 잘 드러낼 수 있는 안정된 마음, 그리고 언제나 변함없는 소박함을 간구하였다. 나에게 무척이나 큰 감동을 준 그 기도의 처음은 이러했다. "내 속을 아름답게 해주소서." 이 말을 들었을 때, 나는 이러한 생각이 그의 마음속에 떠오르기 시작했을 때를 기억해 냈다. 그때는 여행을 떠나기 몇 해 전이었는데 그는 아름다움에 관해서 여러 가지 의문을 품고 질문하기 시작했던 것이다. 내가 '아름답다'고 말할 때 여러분은, 특히 그리스 사람이 아닐 경우, 그것을 '곱다'라는 말과 같은 뜻으로 생각할지도 모른다. 그러나 내 말을 올바르게 이해하기 위해서는 '훌륭하다' 또는 '빛나다'라는 뜻으로 받아들이지 않으면 안 된다. 그리스어의 '아름답다'라는 말은 대부분 이런 뜻으로 쓰이기 때문이다. 그러나 소크라테스가 아름다움에 관해서 사색하기 시작했을 때에는 여러분과 마찬가지로 우리도 미처 그를 이해하지 못했다. 내가 처음으로 이 말에 주의를 기울인 것은 어느 음악 시간이었다. 그날 나이 지긋한 글라우쿠스 선생은 우리에게 여느 때처럼 호메로스의 시로 만든 노래를 부르게 했다. 나는 대부분 교실 한 구석에 매달려 있는 채찍이 무서워 가사를 틀리지 않게 부르려고 애쓸 뿐, 그 가사의 뜻에는 전혀 신경을 쓰지 않았다. 그런데 운 좋게도 그날은 글라우쿠스 선생이 내가 가장 좋아하는 대목을 시켰다. 그래서 나는 그 가사의 뜻을 생각할 여유가 있었는데, 내 옆에 앉아 있던 소크라테스 역시 주의를 기울이고 있었다. 그 가사의 내용은 여러분도 잘 알고 있듯이, 어떻게 해서 영웅 아킬레스가 왕과 다투었으며 훗날 전투에서 왕을 위해 싸우기를 거부했는가 하는 것이었다. 그러나 그 후 아킬레스 대신 친구가 참전하여 싸움터에서 죽게 되자, 아무도 아킬레스가 싸우는 것을 막을 수가 없었다. 여신인 그의 어머니가 전투에 나가면 죽게 될 것이라고 경고해도 소용이 없었다. 이때 아킬레스는 어머니에게 "친구를 저버리느니 차라리 싸우다 죽는 것이 낫다. 만일 지금 싸우지 않고 싸움터에서 멀리 떨어진 곳에 안전하게 있으려 한다면 자신은 이 세상에서 아무 쓸모도 없는 자가 되고 말 것"이라고 말한다. 그것은 전쟁터에서 쩡쩡 울리는 외침과도 같은 훌륭한 웅변이었다. 아킬레스의 어머니는 앞으로 일어날 일을 정확하게 예견하고 있었고, 아킬레스 자신도 어머니의 생각이 옳다는 것을 잘 알고 있었다. 그리고 오래지 않아 그가 타던 말들까지도 그의 죽음을 슬퍼하게 되었다는 것은 여러분도 잘 알고 있을 것이다. 그래서 나는 더욱 그것이 훌륭한 웅변이라고 생각했다. 나는 그것에 대해서 어떻게 생각하는지 알고 싶어서 소크라테스를 보았다. 그때 이미 내게는 소크라테스의 생각이 대단이 중요한 비중을 차지하고 있었던 것이다. 나는 소크라테스를 내려다보았다. 우리는 동갑이었지만 그는 나보다 키가 작았다. 나는 이전에도 그의 얼굴에 떠오른 재미있는 표정을 여러 번 본 적이 있었다. 그의 두 눈은 휘둥그레져 있었고, 못생긴 작은 얼굴은 마음속에서 우러나오는 기쁨으로 빛나고 있었다.

"크리톤, 참 아름답지? 그렇지 않니?"

그가 나에게 속삭였다.

우리는 채찍이 두려워 더 이상 대화를 나눌 수는 없었다. 그러고 나서 얼마 후에 누군가가 글라우쿠스 선생의 코 바로 밑에 귀뚜라미를 갖다 놓았기 때문에 나는 아킬레스에 관한 이야기를 곧 까맣게 잊어버리고 말았다. 그러나 그날 씨름 시합을 한 후, 이 일을 다시 생각하게 되었다. 그 당시 나는 씨름하는 법을 배운 지 얼마 되지 않았고 훈련도 막 시작했을 뿐이었다. 더욱이 큰 씨름 대회에 나가 본 적이라고는 없었음에도 불구하고 내 나이 또래를 대표하는 씨름꾼으로 나서게 되었다. 그날 나는 씨름을 잘했고, 나 자신도 내가 썩 잘했다는 것을 알고 있었다. 그러나 무엇보다도 기뻤던 것은 시합 내내 소크라테스가 씨름판 가까이에서 보고 있었던 일이었다. 시합이 끝난 후, 우리는 아주 행복한 기분으로 팔짱을 끼고 탈의실로 들어갔다.

그때 소크라테스가 거듭 이렇게 말했다.

"참 아름다운 씨름이었어, 크리톤."

이런 말은 누구든지 흔히 하는 말이기는 하지만 그의 말에는 더 깊은 뜻이 담겨 있었다. 그는 걸음을 멈추고 나를 쳐다보았다. 나는 그가 무엇인가를 골똘히 생각하고 있다는 것을 잘 알았으므로 묵묵히 기다리고 있었다.

잠시 후 그는 말했다.

"정말 아름다웠어. 오늘 아침의 그 노래도 그렇고… 아킬레스를 기억하니? 그건 또 다른 것이었지만, 역시 아름다웠어. 난 그게 말이야…"

그리고 나서 그는 다시 생각에 빠져들었다. 내가 그의 몸을 잡고 흔든 후에야 겨우 정신을 차리는 것이었다. 우리는 연습을 하기 위해 함께 밖으로 걸어 나왔다. 당시에는 그의 마음속에 어떤 생각이 떠올랐는지 알지 못했다. 그리고 어느 주말 오후, 무세의 작업장에 앉기 전까지는 그것에 관해서 더 이상 생각하지도 않았다. 무세는 외국 태생의 도공(陶工)에 지나지 않았지만 항아리 같은 것을 꽤 잘 만들었기 때문에 아테네에서 그를 모르는 사람은 거의 없었다. 평소 그는 사람들에게 매우 무뚝뚝했다. 나는 그 이전까지는 그의 가게에 가본 적이라고는 없었다. 그런데 소크라테스가 그와 어느 정도 친분이 있었던 터라 그날 오후에 나를 데리고 가서 작업하는 것을 구경시켜 주었던 것이다. 우리가 들어갔을 때 그는 막 물레 위에다 진흙덩이를 얹어 놓고 항아리를 빚기 시작하고 있었다. 소크라테스는 나에게 조용히 하라고 손짓을 했다. 우리는 무세가 일하는 곳 가까이, 그러나 방해가 되지 않을 정도로 떨어져서 주저앉았다. 능숙한 도공이 일하는 것을 본 적이 있다면 여러분은 왜 우리가 그냥 거기 앉아 있기만 했으면서도 전혀 지루한 줄을 몰랐었는지를 이해할 수 있을 것이다. 그는 녹로 위에 큰 진흙덩이를 하나 올려놓았다. 그리고는 한참 동안이나 두 손으로 그것을 위로 잡아 늘였다가 아래로 내리누르고, 또 잡아 늘였다가 내리누르곤 했는데 마치 장난을 하는 것처럼 보였다. 그러는 동안 시중드는 아이는 물레 아래에서 물레가 쉬지 않고 빙글빙글 돌아가게 하고 있었다. 그는 오후 내내 그렇게만 하고 있을 것 같았다. 그런데 갑자기 변화가 일어났다. 무세는 손을 오므려 두 엄지손가락을 진흙덩이의 중심부에 틀어박고 꼭 붙잡으면서 치켜들었다. 그러자 항아리가 마치 자라나오는 것처럼 보였다. 생명체가 자라나는 것처럼 그 밑바탕으로부터 자라 나왔다. 여러분도 그것을 보았더라면 확실히 그 속에는 생명이 있는 것 같다고 말했을 것이다. 그러나 물론 그 생명은 무세의 마음속에 들어 있는 항아리에 대한 설계이다. 그것을 지켜보고 있노라면, 약간은 눈이 어지럽다고 느낄 수도 있을 것이지만, 여러분은 그 설계가 무세의 두 손을 통해 그의 마음으로부터 진흙덩이로 옮겨져 가는 것을 느낄 수 있었을 것이다. 그 설계는 단순한 진흙덩이를 하나의 물건이 되게 하였다. 이전까지는 아무 것도 아니었던 진흙덩이가 지금은 어엿한 항아리가 된 것이다. 나는 고개를 돌려 소크라테스를 쳐다보았다. 비로소 나는 그것이 아킬레스의 웅변이나 씨름과 같은 것이었음을 깨달았다. 우리 둘은 다 그것을 느끼고 있었다. 무세는 한참 있다가 물레를 멈추더니 무엇인가를 재어 보았다. 그때 소크라테스가 그에게 말했다.
"참 아름다운 일이군요, 무세 아저씨. 그 진흙덩이가 커가는 것이 정말 아름다워요. 그런데 아름답다고 하는 것은 어떤 것이죠? 무세 아저씨, 그건 어떤 뜻이에요?"
"아름답다는 것?"
무세는 어리둥절한 모양이었다. 그는 만들고 있던 항아리의 윗부분을 만지작거리면서 말을 이었다.
"글쎄, 이 항아리 같은 것이겠지. 또 저기에 있는 저 항아리 같은 것일 게고. 그러나 어제 내가 만들었던 그 항아리 말이야, 너도 만드는 걸 보았지, 그건 아니야. 난 그걸 망쳤어. 대부분의 사람들은 아마 모를 테지만…."
소크라테스는 항아리에 손을 얹어 그 곡선을 어루만지고 있었다. 그러나 그는 무세의 대답에 만족하지 않은 것 같았다.
"아니에요, 무세 아저씨! 그건 사람들이 보통 그렇게 생각하는 거지요. 물건을 가리키는 것 말이에요. 사람들은 흔히 여러 가지 물건을 손으로 가리키면서 '이것이 아름답다'느니 '저것이 아름답다'느니 하지만, 물건들은 모두 다 다른 거예요. 아름다운 항아리, 아름다운 씨름, 아름다운 용기…, 모두 다 다른 거예요. 그런데 그것들 속에 있는 같은 점은 도대체 뭘까요? 어쨌든 같은 것이 한 가지라도 있을 거예요. 그저 아름다운 '이것' 혹은 '저것'이 아니라 '아름다움'이라는 것 말이에요. 무세 아저씨, 제가 궁금한 건 바로 이거예요. 아저씨는 아름다운 것을 만드시니까 아마 알고 계실 텐데요."

나는 그제야 그가 무슨 생각을 하고 있는지 알 수 있었다. 나는 한 번도 그런 생각을 해본 적이 없었다. 무세 역시 소크라테스의 생각을 이해한 것 같았으나 적당한 대답을 찾아내지는 못했다.

마침내 그는 말했다.

"소크라테스야, 난 '아름다움'에 관해서는 잘 알지 못해. 단지 좋은 항아리에 대해서 알고 있을 뿐이지. 나에겐 좋은 항아리가 아름다운 항아리란다."

"그렇다면 왜 그것이 좋아요, 무세 아저씨?"

소크라테스가 다시 물었다.

"저기 있는 주전자를 보렴."

무세는 한 쪽에 놓여 있는 주전자를 가리켰다.

"저건 좋은 주전자야. 그러니까 무엇인가를 하는 데 쓸모 있는 좋은 물건이지. 저 주전자는 술을 따르는 데 좋아. 만약 주둥이를 조금만 더 깊이 구부러지게 만들면 술이 흘러내릴 거야. 옆구리를 조금만 더 두껍게 만들면 쉽게 넘어질 것이고…. 그렇게 된다면 좋지 못한 주전자야. 이걸 아는 사람이라면 아무도 저 주전자를 아름답다고 하지는 않겠지. 내 생각을 말하자면, 그것이 마땅히 해야 할 일을 제대로 하지 못한다면 주전자라고 부르기조차 어려울 것 같아. 그런 건 진흙덩이와 다를 게 없어."

"그렇다면 물건들을 아름답고 쓸모 있는 것이 되게 하는 건 그 물건들 속에 있는 '좋음'이겠군요. 어쨌든 그 물건들을 무엇인가로 되게 하는 것은 그 '좋음'이겠지요."

소크라테스는 천천히 이렇게 말했다.

무세는 고개를 끄덕였다.

"그렇다는 생각이 드는구나. 그리고 주전자를 만드는 사람들은 누구든지 그런 좋은 주전자를 만들고 싶어 한다고 생각해."

"그럼 그들은 왜 좋은 주전자를 만들지 않지요?"

"만드는 방법을 모르기 때문이지. 사실 그들은 좋은 주전자, 참된 주전자의 원형이 어떤 것인지 모르고 있는 거야."

"그렇겠지요. 그들이 만약 그 원형을 안다면 물론 그것을 따르려 할 테니까요. 그런데 그 원형은 누가 만들었나요, 무세 아저씨?"

"나 자신도 아니고 내 아버지도 아니야. 그건 아주 오래 걸린 거란다. 그리고 사실 우리도 지금 그것을 조금씩 고쳐 가고 있어. 아마 진정한 원형이란 누가 만든 것이 아닐 거야. 그건 지금도 발견되어 가고 있는 것이지. 하지만 또 어떤 의미에서는 그건 벌써부터 있었다고 할 수도 있겠지."

"아저씨는 그걸 어떻게 발견하세요? 알고 싶어요. 무세아저씨, 어떻게 발견하세요, 네?"

이것이 마지막 질문이었다. 그 노인이 이 질문에 대답하는 데는 오랜 시간이 걸렸다.

마침내 그는 말했다.

"네게 제대로 알려 줄 수 있을지는 잘 모르겠구나, 소크라테스야. 너는 먼저 주전자를 알아야 할 거야. 이 작업장에 들어오는 사람들처럼 눈에 보이는 대로의 주전자를 아는 것이 아니라 주전자의 쓸모를 다하는 좋은 주전자들, 즉 참된 주전자 속에 있는 것이 무엇인지를 알아야 한다는 말이야. 소크라테스야, 그것을 아는 것이 중요한 거란다."

그날 오후 무세의 작업장에서 나눈 대화는 공을 던지고 받고, 뒤로 물러갔다 앞으로 내달았다 하는 야구 경기와도 같은 것이었다. 집으로 돌아올 무렵, 나는 그 문제에 대해 이전보다는 좀 더 잘 이해하게 되었지만 그 경기가 내 이해력을 앞질러 가고 있다는 것을 느꼈다. 어쩌면 그 대화는 소크라테스 자신의 이해력보다도 조금 앞선 것이었는지도 모른다. 무세는 결국 한 도공에 지나지 않았기에 항아리에 관해서 말할 뿐이었다. 그도 '좋음'이라는 것이 찾아내야 할 원형이라는 데 대해 어느 정도 말하기는 했지만 핵심을 찌른 것은 아니었다. 그러나 무세와 이런 식의 대화를 나눈 것이 소크라테스에게는 중요한 그 무엇의 시작이었다. 여러분도 차차 알게 되겠지만 적어도 그 시발점은 되는 것이었다.

제 2 장

아테네의 석공 소크라테스

아마 크리톤의 생각은 옳았을 것이다. 소크라테스는 어린 소년이었을 때, 다시 말해 학교에 다니던 때부터 철학자처럼 생각하기 시작하여 사물들의 의미를 탐구했다. 그는 또한 자기 또래의 다른 아이들에게도 생각하는 능력이 있다고 믿고, 그들이 생각하는 것을 도와주었다. 하지만 어쩌면 그는 학교를 그만둔 후부터 생각하는 일을 시작했는지도 모른다. 그의 아버지가 학교를 그만두게 한 것은 불과 12, 13세가 채 안 되었을 때였으니까 말이다. 학교를 그만두게 되었다고 해서 소크라테스가 서운해 한 것은 아니었다. 그러나 학교에서 배운 것 중 몇 가지, 특히 옛 영웅들에 관한 시는 그의 생애 마지막 날까지 기억에 남아 있었다. 또한 씨름과 달리기 등의 체육을 배운 것은 소중한 것이었다. 그것은 그에게 본격적인 선수가 되게 한 것은 아니었지만 뒷날 아주 유용하게 쓰인다. 그러나 소크라테스는 단지 선생님이나 훈련시키는 사람뿐만이 아니라 만나는 모든 사람들로부터 무엇인가를 배우는 방법을 알고 있었다.

 이와 같은 배움은 학교를 다닐 때와 마찬가지로 다니지 않을 때에도 계속되었다. 소크라테스에 관한 오래된 기록에 의하면――이는 아마도 사실일 것이다――소크라테스는 석공의 아들이었다. 그런데 아버지의 직업을 이어받아야 할 때가 온 것이다. 소크라테스의 아버지 소프로니스쿠스는 석공 일을 하는 것만으로도 매우 유복한 생활을 할 수 있었다. 소크라테스 역시 그 일을 잘 해내기만 한다면 넉넉하게 살 수 있었을 것이다. 아마도 숙련된 일꾼에게는 일거리가 아주 많았던 것 같다. 그 당시 막 공사가 완료된 아테네와 바다를 이어주는 큰 장성(長城)과 같은 대규모의 토목 공사나 법률이나 공적인 기록을 세밀하게 돌에 새기는 일 — 소크라테스는 이런 종류의 일을 더 많이 하게 되었을 것이다. 민주주의가 성장해 가고 있는 아테네의 모든 시민들은 그와 같은 기록들을 보기를 원하고 있었기 때문이다 — 또는 개인과 계약을 맺고 하는 일, 특히 죽은 사람을 위한 묘비를 만드는 일 등 석공이 할 수 있는 일은 많았다. 소프로니스쿠스는 대부분 집을 떠나서 다른 일꾼들과 공동으로 하는 일을 맡아했다. 소크라테스는 자기 집 뜰에서 잔심부름을 하면서 일을 배우기도 했지만, 집을 떠나 일꾼들과 사귀는 것을 더 좋아했다. 소프로니스쿠스가 어떤 종류의 일이든 정교한 작품을 만드는 데 사용한 돌은 대리석이었다. 대리석은 아테네에서 그리 멀지 않은 펜테리크스 산의 채석장에서 캐 왔는데 결이 고운 젖빛이었다. 그의 연장들은 그의 할아버지가 사용하던 것들이었다. 첫 단계에서 돌을 쪼는 데 사용되는 연장들은 구멍을 뚫는 기구들로서 끝이 뾰족한 쇠망치들, 끝이 뾰족하고 뒤쪽은 무거운 망치로 쓸 수 있게 만들어진 네모진 큰 못 모양의 천공기, 그리고 돌 표면을 다듬는 데 쓰이는 끝이 구부러지거나 갈고리가 달린 정들, 구멍을 뚫는 데 쓰이는 송곳들이었다. 이런 것들이 그의 연장이었다. 소크라테스는 아버지가 이 연장들을 다루는 것을 여러 차례 보았다. 이제는 소크라테스 스스로 이것을 다루고 뾰족하게 갈고, 하나하나의 특별한 용도를 배워 익혀야 할 때가 된 것이었다. 물론 상당 기간 동안 소크라테스는 돌을 쪼아내는 초보적인 일을 할 수 있을 뿐이었다. 대리석은 서툰 솜씨로 낭비하기에는 값이 너무 비싼 것이었다. 돌 표면을 대강 다듬는 일이 끝나면 소프로니스쿠스는 다음 단계의 일을 직접 맡아 했고, 소크라테스는 고작해야 곁에서 연장들을 집어 주며 일이 진행되어 가는 모습을 지켜보는 정도였다.

한 번은 분수에 설치할 사자 머리 모양을 만들게 되었다. 소프로니스쿠스는 둥근 돌덩어리를 갖다 놓고, 더 가늘고 뾰족한 연장으로 바꾸어 가면서 한 번에 반 인치 정도씩 쪼아 내려갔다. 그는 네모진 천공기, 뾰족한 천공기, 갈고리가 달린 정을 주로 사용했다. 차츰 사자머리의 윤곽 — 입과 뭉툭한 코, 사나운 눈, 엉킨 갈기 — 이 나타났다. 소크라테스는 그제야 익숙한 솜씨와 지식이 작품을 만들어 내고 있다는 것을 이해할 수 있었다. 그의 아버지는 돌망치를 수월하게 휘두르거나 연장들을 실수 없이 다루게 되기까지 여러 해를 애써 온 것이다. 소크라테스가 어디에 정을 대고 얼마나 깊이 박아야 하는지 알 수 있는가에 대해 물었을 때 소프로니스쿠스는 성의 있게 대답해 주었다.

"먼저 바로 그 돌 속에서 사자를 보아야만 한단다. 마치 돌의 표면 뒤에 사자가 기다리고 있는 것처럼 말이야. 그 다음엔 사자를 풀어 놓아 주어야 한단다. 그 사자를 잘 보면 잘 볼수록 어디를 얼마나 깊이 쪼아야 하는지 그만큼 잘 알게 되는 거지. 물론 그 이후에 중요한 것은 연습과 훈련이란다."

소크라테스는 이 말에 대해 많이 생각했다. 이 말은 언젠가 어머니가 해주신 말을 생각나게 했다. 그의 어머니는 솜씨가 꽤 좋은 산파였기 때문에 근처에서는 모르는 사람이 없었다. 한 번은 소크라테스가 어떻게 아기를 받아내는지 물어 보았다. 어머니는 이렇게 대답했다.

"난 정말 아무 것도 하는 게 없어. 단지 아이를 풀어 놓아 자유롭게 해줄 뿐이야."

소크라테스는 이것은 그 전에 무세의 작업장에서도 있었던 일이라고 생각했다. 물론 무세는 여러 가지 원형에 관해서 분명하게 생각을 정리해 내지도 못했고 소크라테스에게 후련하게 이해시키지도 못했었다. 서로 이야기를 주고받고 여러 가지 질문을 하고 그 질문에 대답하는 과정에서 갑자기 어떤 생각이 떠올랐던 것이다. 어쨌든 소크라테스는 어떤 생각이 언제나 있는 것이라고 느꼈다. 그러나 그는 자신이 이미 그것을 알고 있다는 것을 미처 깨닫지 못하고 있었지만, 무세는 그것을 깨달을 수 있도록 도와주었던 것이다. 바로 이러한 생각이 소크라테스를 흥분시켰다. 얼마나 많은 관념이 풀려 나오기를 기다리고 있는 것일까? 올바르게 질문할 줄 알게 된다면 우리는 그 관념들을 풀려 나오게 할 수 있을 것 아닌가? 관념들은 중요한 것이었다. 소크라테스는 항상 새로운 관념들을 발견하고 있었다.

그러나 돌의 표면 뒤에서 사자나 다른 물체의 모양을 본다는 것은 또 다른 중요한 일이었다. 소크라테스가 일터에서 일한 지

1년도 채 안 되었을 때, 이미 아버지는 아들이 훌륭한 석공이 되지는 못하리라는 것을 알아차렸다. 소크라테스가 특별히 게으르다거나 몸이 약해서만은 아니었다. 그는 오히려 너무 많은 힘과 정력으로 넘쳐 있었다. 돌을 지나치게 세게 때려서 부셔 버릴 염려가 있었던 것이다. 그리고 그는 아버지나 어머니처럼 조심스럽고 예민한 손가락을 타고나지 못했다. 그의 재주는 돌을 다루는 데 있는 것이 아니라 사람을 다루는 데 있는 것 같았다. 소크라테스는 이에 대해 직접 말하지는 않았지만 역시 이 사실을 잘 알고 있었다. 그러나 당시에는 사람들이 아무도 자기의 직업을 바꿀 생각을 하지 않았다. 누구나 아버지의 직업을 이어받아야 한다고 교육받았으며, 커서는 그 직업을 갖는 것을 당연하게 생각하였다. 그러나 소크라테스는 자기 집에 찾아오는 고객들을 만날 때, 집을 나서서 시내로 들어갈 수 있을 때를 더 좋아했다. 그는 밖에 나가서 세상이 어떻게 돌아가는지 알고 싶어 했다. 이 여러 해 동안 소크라테스에게 생긴 일을 이해하기 위해서는 그가 일한 작업장뿐만 아니라 그가 살던 도시 즉 아테네의 상황도 이해해야만 한다. 당시의 아테네는 흔히 우리가 상상하는 것처럼 그렇게 큰 도시는 아니었다. 소크라테스는 아테네의 거의 모든 사람을 알게 되었고, 또한 그들에 관한 일도 알 수 있을 정도였다. 그러나 아테네는 활기 있는 도시였다. 소크라테스가 살고 있던 당시의 아테네는 세계 역사를 돌이켜 볼 때 유례를 찾기 힘들 정도로 새로운 일이 많이 벌어지고 있었고, 중요한 사상들이 솟아나오고 있었으며, 아름다운 것들이 만들어지고 있었다. 아테네에는 높은 곳에, 모든 사람의 눈에 드러나 보이며 모든 사람의 마음에 깊은 인상을 주는 '바위' 곧 '아크로폴리스'(도시의 꼭대기)가 솟아 있었다. 그것은 요새인 동시에 거룩한 장소이기도 했다. 아테네 사람이면 누구나 알고 있는 일이지만, 먼 옛날 이곳에서 바다의 신 포세이돈과 여신 아테네가 이 도시를 수호하기 위해 누가 더 좋은 선물을 주는지 경쟁을 했었다. 포세이돈은 훌륭한 전마(戰馬)를 주었다. 또 그의 권위를 상징하는 갈래진 모양의 홀(笏)로 바위를 쳐서 샘물이 솟아나게 해주었다. 그 샘물은 지금도 그곳에 남아 있다. 그러나 그 샘물은 바닷물처럼 짰기 때문에 아테네가 선물로 준 신성한 올리브 나무처럼 귀한 것은 되지 못했다. 올리브 나무는 그 샘물 근처에서 자랐다. 아테네는 이 도시의 여신이 되었고, 오랫동안 아테네는 올리브 덕분에 번창해 왔다. 도시를 둘러싼 평야는 올리브 과수원의 잿빛 감도는 푸른빛으로 수놓아져 있었다. 아테네 사람들은 올리브기름을 수출했고, 경기에서 승리한 자에게 상으로 주기도 했으며, 그것으로 몸을 씻고 요리를 하고 램프의 불을 켰다. 아테네의 젊은 귀족들은 몸에 바를 올리브기름을 고리가 달린 병에 넣어 팔에 걸고 체육관으로 향했다. 소프로니스쿠스 같은 일꾼들도 점심때에는 한 움큼의 올리브를 먹었을 것이다.

아테네의 아크로폴리스는 소크라테스가 태어나기 약 10년 전인 기원전 480년, '대 침입' 때 페르시아 군에 의해 불타 버렸다. 소크라테스는 소년 시절부터 그곳에 남아 있는 불탄 흔적이 남아있는 기둥들의 흔적을 보며 자랐다. 그러나 그가 20대가 되었을 때, 지금도 세계의 화젯거리가 되고 있는 대리석 사원들이 하늘 높이 솟아오르기 시작했다. 그 사원을 다시 지으려고 계획한 사람은 페리클레스였는데, 그는 바야흐로 아테네 정치계의 새로운 거물로 떠오르고 있었다. 아테네는 당시 페르시아의 재침입을 막아 주는 대가로 그리스의 식민지인 여러 섬들의 도시와 동쪽 해안에 있는 도시 국가로부터 세금을 거두어들이고 있었다. 페리클레스는 이 세금의 일부를 사원 건축에 사용했던 것이다. 아테네는 방어 동맹의 지도자로 출발하여 점차 해양 제국을 지배하는 도시 국가가 되어 가고 있었다. 그러한 아테네의 성장을 그리스 본토의 도시 국가들, 특히 남쪽의 광대한 펠로폰네소스 반도에 있는 도시 국가들은 한편으로는 두려움으로 다른 한편으로는 시기하는 눈으로 지켜보고 있었다. 그 중에서도 군국주의 도시 국가인 스파르타는 이러한 아테네의 눈부신 발전을 용납하려 하지 않았다. 시기와 두려움은 분쟁을 낳는다. 이미 당시에도 여러 차례 전쟁이 발발했지만 그 뒤에는 아주 긴 세월 동안 무서운 전쟁이 터지게 되었던 것이다. 그러나 10대인 소크라테스에게 아테네의 성장은 두려운 일이 아니라 오히려 신바람 나는 일이었다. 시장을 나서면 바로 눈앞에 보이는 의회 ─ 아테네 시의회 ─ 는 시칠리아와 이집트, 소아시아와 흑해 주변의 도시에까지 영향을 미치고 있었다. 소크라테스와 친구들은 먼 곳에서 온 흥미 있는 이방인들을 자주 볼 수 있었다. 거만하고 동작이 느린 페르시아인들은 무엇보다도 남의 말을 잘 믿는다는 소문이 나 있었다. 각지의 섬에서 온 뱃사람들은 자기 고향의 항구뿐만 아니라 남부 러시아 해안의 항구에 대해서도 잘 알고 있었고 나일 강으로는 스무 번도 넘게 항해를 했다고 말했다. 지중해 연안의 각 지방에서 온 예술가와 기술자들은 아테네에 와서도 아테네의 예술가나 기술자들에 대해서는 별 다른 말을 하지 않았다. 시인, 음악가, 도시 설계자, 건축가, 역사학자, 상인, 외교 사절 등 온갖 종류의 사람들이 아테네로 몰려들었고 추방당해 온 다른 나라의 귀족들도 있었다. 소크라테스는 세계에서 가장 흥미 있는 사람을 찾기 위해 굳이 자기가 자란 도시 밖으로 여행할 필요가 없었다. 이런 환경 속에 있었기 때문에 소크라테스처럼 상상력이 풍부하고 호기심이 강한 사람이 남의 이야기에 귀를 기울이고, 여러 가지 질문을 하는 데 취미를 붙이게 된 것은 조금도 놀랄 만한 일이 아니었다. 아테네 사람들은 모두 이야기하는 것을 즐겼다. 아침에는 장터에서, 오후에는 체육관에서, 저녁에는 만찬 파티나 클럽에서 이야기를 나누고 토론했다. 그들은 운동 경기에 관해서(이번 올림픽 경기에서는 누가 씨름의 승자가 될 것인가?), 정치에 관해서(배심원에게 봉급을 주자는 페리클레스의 안은 나라를 망칠 법안이라고 내가 말하지 않았는가!), 전쟁과 평화에 관하여(이집트에 출정한 우리 함대는 왜 소식이 없는가?) 열띤 의견을 교환했다. 그들은 대화로 즉 토론으로 정부를 운영했다. 이것이 바로 세계 최초의 민주주의였다. 남자 시민이라면 누구나 의회에서 투표하기 전에 자기의 의견을 주장할 수 있는 권리가 있었다. 물론 잘못된 주장을 펼치면 청중들의 야유 소리에 밀려 단을 내려와 야만 했다. 소크라테스는 많은 사람들의 이야기를 주의 깊게 들었다. 그는 다른 사람들이 하는 말을 귀담아 듣고, 그것에 대해 신중하게 생각했으며, 그들의 의견에 자신의 생각을 더해 갔다. 그는 마침내 대부분의 사람들이, 자기가 하는 이야기에 대해서 실제로는 아는 바가 거의 없다는 사실을 발견하게 되었다. 스스로는 미처 깨닫지 못하고 있지만, 앞뒤가 맞지 않는 말을 하고 있는 것으로 미루어 보아 분명한 사실이었다. 사람들은 사물에 대해 철저하게 생각하는 일이 절대로 없었다. 그것은 무척 슬픈 일이었다. 소크라테스가 성인이 되어 토론에 참가했을 때, 사람들은 그가 매우 특이한 방식으로 말을 하는 것에 관심을 가졌다. 그는 질문하기를 좋아했는데 그것은 그저 단순한 질문이 아니었다. 그의 대화 방식은 하나의 질문에서 또 다른 질문으로 이야기를 전개시켜 가면서 드디어는 말하는 사람의 생각에 모순과 혼란이 있음을 드러나게 하는 것이었다. 이것은 질문을 당하는 사람에게는 매우 곤혹스러운 것이지만 듣는 사람에게는 즐겁고 재미있는 대화 방식이었다. 대부분의 사람들은 소크라테스의 질문이 교묘한 말장난이라고 생각했다. 사실 처음에는 그랬을지도 모른다. 아테네의 생활은 물론 토론하는 것이 그 전부는 아니었다. 소크라테스에게는 같은 나이 또래의 친구들이 있었다. 그들은 대부분 가까운 이웃의 소년들이었는데 소크라테스가 일하는 시간이면 그들도 석공이나 목수의 일을 배우고 있었다. 그들은 대개 일이 끝난 후에, 또는 어른들이 쉬고 있는 낮 시간에 길거리에서 함께 놀았다. 아테네의 모든 소년들처럼 소크라테스의 친구들 역시 달리기 시합과 씨름을 했으며, 다른 지역의 소년들과 패싸움을 하기도 했다. 그들은 송아지나 돼지의 뼈마디로 주사위를 만들어 가지고 놀았다. 클럽을 조직하기도 하고 특별히 친한 친구들끼리 패거리를 만들기도 했다가 해체하기도 했다. 훗날 그들이 각각 자기 분야의 대가가 되었을 때, 그리고 소크라테스가 자신의 참된 본업을 발견했을 때, 그는 마을의 모든 작업장에서 환영을 받았다. 소크라테스는 그 무렵, 학교 시절에 사귀었던 다른 소년들, 즉 정치를 하거나 공무에 종사하는 일을 제외하고는, 다른 일은 아무 것도 하지 않는 귀족의 아들들은 별로 만나지 않았다. 다만 축제가 있는 날에만 그들과 자리를 같이하는 정도였다. 아테네의 장엄한 축제일, 그들은 큰 행렬을 따라 함께 언덕을 올라갔다. 또한 그들은 보트 경기나 횃불 경주 때, 혹은 체육 경기나 군대 사열이 있을 때 함께 어울려 구경을 다녔다. 봄과 겨울에는 노천극장에 함께 앉아 연극 제전을 관람했다. 영웅들에 관한 비극, 포복절도할 희극, 축제를 위해 새로 만들어진 15편의 작품 등 아테네에서 가장 탁월한 사상가들의 풍부한 지혜와 상상력과 기지가 넘치는 연극을 구경했다. 축제날이 되면 아테네 시 전체는 하나가 되었고 석공인 소크라테스와 귀족 계급의 운동선수인 크리톤 사이에도 아무런 장벽이 없었다. 그러나 평상시에는 그렇지 않았다. 귀족 계급의 친구들을 만나기 위해서는 소크라테스가 체육관으로 내려가야만 했다. 이 친구들은 학교에서 시작한 야외 훈련과 스포

츠로 하루하루의 시간을 보내며 승마에 관한 대화를 주된 화제로 삼았다. 그들은 그들끼리만 가깝게 지내면서 소크라테스에게는 자신들의 곁을 허락하지 않았다. 그러나 소크라테스는 여전히 그들을 지켜보기를 좋아했다. 햇빛 아래에서 그을린 구릿빛 신체를 기름으로 빛내면서 경기장을 달릴 때나 오랜 시간에 걸친 훈련으로 우아하고 균형 잡힌 자세로 원반을 던질 때, 그들의 모습은 아름답게 보였다. 그들 역시 무세나 소프로니스쿠스처럼 노련했다. 그들의 노련함은 기술자들의 숙련만큼 소크라테스에게 어울리는 것은 아니었지만, 아름답고 생기 있는 모든 것을 사랑하는 소크라테스는 그것 역시 진심으로 좋아했다.

제 3 장

신 들

작업장에서의 육체적 노동, 시내에서의 토론, 길거리에서의 놀이, 축제일의 행렬과 연극 등. 소년 시절의 소크라테스는 자기 또래의 다른 소년들과 마찬가지로 이러한 일들을 하였고, 또한 이 모든 것에 대해 같은 느낌을 갖고 있었다. 그러나 점점 나이가 들면서 다른 소년들과 달라지기 시작하였다. 언제부터 달라지기 시작한 것일까? 아마도 그 시기는 대부분의 소년들보다 훨씬 더 열심히 알려고 한다는 것을 느꼈을지도 모른다. 그리고 사람들은 소크라테스가 사물에 대해 생각할 때 그 또래의 다른 소년들보다 더 철저히 숙고한다는 것을 짐작했을 수도 있다. 그는 새들이 하늘의 여기저기에서 흩어져 날고 있는 것처럼 단편적이고 산만하게 흩어져 있는 생각이란 미진한 것이라고 여겼다. 그는 하나의 생각을 다른 생각에 합하여 같은 방향으로 한 걸음 더 나아가는 것을 보아야만 만족할 수 있었다. 그의 이러한 점을 느낀 사람은 아마도 몇몇 사람밖에 없었을 것이다. 오랫동안 사람들은 아테네 사람들과 다른 지방의 사람들을 비교해 볼 때 가장 특이하게 드러나는 차이점, 즉 신들에 대한 생각의 차이점을 깨닫지 못했다. 소크라테스는 아주 일찍부터 신들을 생각하지 시작했다. 생각을 정리하고 다른 사람들에게 질문을 하면서 그는 신들에 대한 여러 가지 관념이 이상야릇하게 혼돈되어 있다는 것을 깨달았고, 마침내는 이것을 올바르게 정리해야겠다는 생각에 이르렀다. 예를 들어, 그의 친구 무세는 아테네 시에서 가장 뛰어난 도공 가운데 한 사람이었다. 그는 마음속에 명백한 하나의 기준을 가지고 숙련된 솜씨로 아름답고 단순하면서도 잘 조화된 주전자나 항아리를 만들어 낼 수 있었다. 그가 만든 작품의 모양은 각 부분 부분이 서로 잘 어울려 균형을 이루고 있었다. 그러나 무세도 신들에 관해서 생각할 때에는 도자기를 빚을 때와 같은 하나의 명백한 기준을 갖고 있는 것 같지 않았다. 아니 기준이란 전혀 없었는지도 모른다. 어떤 식으로 생각해야 할지에 대한 확고하거나 논리적인 생각이 전혀 떠오르지 않는 것 같았다. 성인이 되어 좀더 폭넓게 사람들과 교류를 가지며 사색하게 되었을 때도 자기가 만나는 사람들 대부분이 신에 관해서는 무세와 마찬가지로 혼란 상태에 있다는 것을 알게 되었다. 그것은 마치 여러 종류의, 여러 단계의 사상이 제멋대로 섞이고 합쳐져서 어떠한 기준도 따르지 않는 것처럼, 더욱이 한 번도 정리된 적이 없는 것처럼 보였다. 그러나 가장 나쁜 점은 그것이 얼마나 지독한 혼란 상태인가를 깨닫는 사람조차 거의 없다는 것이며, 따라서 이러한 상태를 어떻게 해서든지 좀 정리해 보려고 하는 사람이 거의 없다는 사실이었다. 소크라테스가 신들에 관해 질문하면 사람들은 온갖 이야기를 다 늘어놓았다. 그 이야기 중에는 좋은 것도 있고 좋지 못한 것도 있었다. 사람들은 옛날에는 신들과 인간 사이에 지금보다는 더 밀접한 관계가 형성되어 있었다고 생각했다. 또한 신들에게는 제각기 특별히 좋아하는 어떤 사람이 있었으며 따라서 신들이 그들을 도와주었다고 생각했다. 오딧세우스는 그 좋은 예이다. 그가 곤경에 처할 때마다 지혜의 여신 아테네는 때로는 드러나지 않게, 때로는 키가 크고 아름다운 여인의 모습으로, 때로는 뱀들이 감긴 방패를 든 번쩍이는 잿빛 눈의 여신의 모습으로 곁에 서서 도와주었다. 여신 아테네가 그의 기도를 듣고자 할 때면, 그녀가 어디에 있든, 그의 기도를 들을 수가 있었다. 그러나 그녀가 무척 바쁠 때, 또는 오딧세우스를 미워하는 다른 신이 방해를 할 경우에는 그를 도울 수 없었다. 그럴 때면 오딧세우스는 그녀가 다시 도와 줄 수 있을 때까지 여러 가지 곤란을 자기 혼자서 감당해 내야 했는데 그는 물론 훌륭하게 잘 해냈다. 신들에게는 또한 특별히 미워하는 적들이 있었다. 이 때문에 영웅들은 때때로 매우 위험한 처지에 빠지곤 했다. 한 번은 오딧세우스가 바다의 신 포세이돈의 아들인 사나운 애꾸눈 퀴클로프스의 눈을, 물론 정당방위이기는 했지만 멀게 했다. 오딧세우스는 이 일을 자랑하고 나중에는 자기 이름까지 말해 버리는 어리석은 짓을 했다. 퀴클로프스는 아버지 포세이돈에게 복수를 해달라고 간청했다. 그 후로 포세이돈은 오딧세우스가 바다에 오기만 하면 언제나 폭풍우를 일으켜 그를 죽이려 했다. 비록 포세이돈은 그를 죽이는 데 실패했지만 오딧세우스를 배에 태워 주는 친절을 베푼 선장이나 선원들을 벌할 수 있었다. 한 번은 포세이돈이 그가 탄 배를 암초에 부딪쳐 침몰하게 만들었다. 오딧세우스는 무사히 살아났지만, 그 배는 그 후 그곳에 자리 잡아 섬이 되었으며, 인간들에게 바다의 신의 원수를 도와주어서는 안 된다는 경고의 상징이 되었다.

 사람들은 신들이 옛날에는 이런 식으로 행동했다고 굳게 믿었다. 즉 힘이 세지만 다소 짓궂은 면을 가진 인간과 비슷한 존재로, 그리고 올림포스 산 위의 높은 하늘에서 인간의 숭배를 받으며, 잔치를 즐기고, 서로 싸우기도 하면서, 죽지 않고 영원히 사는 존재라고 생각했다. 그러나 사람들은 이제 신들이 옛날과 똑같다고 여기지 않는다. 신들은 예전보다 더 멀리 떨어진 곳에서 살며, 어떤 개인을 특별히 좋아하지도 않을 뿐만 아니라 도와주는 일도 하지 않는다고 느낀다. 그러나 아직까지도 신의 은총에 대한 생각이 잠재적으로는 남아 있는 것 같다. 왜냐하면 경기에서 승리한 사람에게 감탄의 감정을 나타낼 때 가장 좋은 표현으로 신이 그 승리자 뒤에서 도와주었다고 말하고 있기 때문이다. 물론 신들에게 기도를 드리는 것은 해로운 일이 아니었다. 사실 정성이 담긴 적당한 제물을 드리면서, 마치 음식을 먹는 일처럼 조용하고도 자연스럽게 기도를 하는 사람도 있었다. 경축일에는 언제나 그날에 맞는 행렬과 특정한 신에게 드리는 희생이 있었다. 그리고 운동경기와 연극과 음악제 등 신성한 행사 때에는 짐승을 한 마리 잡아 희생 제물로 바친 후, 그것을 요리하여 저녁 만찬에 먹었다. 개인적인 경우 태어나거나 성인이 되거나 결혼하거나 죽거나 전쟁터에 나가거나 항해를 떠나거나 공직을 맡게 되었을 때, 각기 그 경우에 알맞은 희생 제물을 드렸다. 이와 같은 관습은 소크라테스의 가족이나 친구들에게는 신들과 좋은 관계를 유지시켜 주고, 또한 사람들이 서로 의좋게 지낸다는 일종의 평온함을 주었다. 이 모든 행사는 한구석에 뚝 떨어져 앉아 혼자 기도를 하는 것과는 다른, 친목의 성격을 띤 것이었기 때문이다. 아테네 시민은 누구나 성인이 되면 축제 행렬이나 제사에 참가했을 때 자기 자리가 있었고, 특별히 담당해야 할 역할도 있었다. 아테네라는 도시 전체가 드리는 제사에 참여하지 않는 사람은 아테네 사람이라고 할 수 없을 정도였다. 지금에 와서는 신들 또한 예전과 다르게 도시 국가의 신이 되었고, 각기 좋아하는 특별한 한 개인을 돕는 일은 그만두었지만, 여전히 벌을 줄 수는 있었다. 옛날의 신들은 대부분 주로 자기 자신을 개인적으로 모욕할 때 벌을 내렸다. 오늘날의 신들은 사회 일반의 공적인 정의에 더 많은 관심을 두는 것 같지만 아직도 자신의 명예와 관련된 일에도 신경을 썼다. 이런 이유에서 신의 이름으로 엄숙하게 맹세한 서약을 깨뜨리지 않는다는 것은 매우 중요한 덕목이었다. 어떤 사람이 무슨 일을 하겠다고 맹세할 때, 제우스나 아폴론의 이름을 부르면서 자기가 정말 그 일을 하는지 안 하는지를 지켜 봐달라고 청하면, 그 일은 신의 명예에까지 관련되는 것이었다. 말할 나위도 없이 신들은 살인을 매우 싫어했다. 특히 신전이나 집안의 난롯가에서 일어난 살인일 경우에는 더욱 그러했다. 난롯가는 제단의 구실을 하는 곳이기도 했기 때문이다. 설령 실수로 살인을 했을지라도 피는 씻어 내기에 힘든 자국이었다.

그러나 무엇보다도 신들은 교만을 증오했다. 교만한 사람은 때때로 자기가 차지할 권리가 있는 자리보다 더 높은 곳에 올라앉기 때문이었다. 사람들은 소크라테스가 태어나기 열두 해도 채 안 되었을 즈음에 발생했던 일, 즉 페르시아의 왕 크세르크세스의 대군이 그리스를 침공해 왔을 때의 일을 잘 기억하고 있었다. 페르시아의 군사는 메뚜기 떼만큼이나 많았다. 그들이 강물을 마시면 강물이 말라붙었고 활을 쏘면 화살이 해를 가릴 지경이었다. 크세르크세스는 자기 힘을 은근히 뽐내면서 교만한 마음을 품고 있었다. 그는 작은 배들로 헬레스폰트 강을 가로지르는 다리를 세웠는데, 폭풍우로 그 다리가 부서지자 마치 말 안 듣는 노예에게 하듯이 강물에 채찍질을 하며 저주를 퍼부었다. 신들은 크세르크세스의 교만을 잊지 않았다. 또한 그가 어떻게 아테네의 아크로폴리스 위의 신전들을 불태웠던가 하는 것도 잊지 않았다. 아테네에서 그리 멀지 않은 살라미스 만에서 그리스 함대와 페르시아 군의 접전이 벌어졌을 때, 신들은 이 전투를 지켜보고 있었다. 그렇지 않았다면 어떻게 그리스 군이 승리할 수 있었겠는가? 크세르크세스는 자줏빛과 황금빛이 번쩍거리는 제왕의 옷을 입고 살라미스 만 위의 높은 보좌에 앉아 싸움을 지휘하며 격려했다. 그의 곁에는 장수들의 이름을 적기 위해 서판(書板)을 든 서기관들이 줄지어 서 있었다. 장수들은 전쟁에서 세운 공적에 따라 상을 받거나 혹은 벌을 받았다. 페르시아 군은 그리스 군보다 수적으로 훨씬 우세했고 어느 모로나 승리를 자신하고 있었다. 그러나 그들은 후퇴해야만 했다. 페르시아 전함들은 맹렬한 공격을 받고 침몰해 갔다. 그 백전 불굴의 용감무쌍한 용사들은 바닷가에서 쓰러졌고, 육지에서의 싸움 역시 마찬가지였다. 설상가상으로 크세르크세스는 자기 나라에서 일어난 반란을 진압하기 위해 서둘러 고국으로 돌아가지 않을 수 없었다. 신들이 교만한 침략자를 때려눕혔다는 이 엄연한 사실을 누가 의심할 수 있을 것인가? 교만은 신들에 대한 가장 큰 모욕이었다. 한편 지나치게 큰 행운도 위험한 것일 수 있었다. 소크라테스는 이 사실을 증명해 주는 이야기를 들었다. 그것은 사모스의 폴리크라테스에게 일어났던 일이었다. 폴리크라테스는 오래 전에 동쪽 지방의 여러 섬들을 다스리던 강력한 통치자였다. 그는 대단히 부유했으며, 하는 일마다 성공하는, 행운을 타고난 사람이었다. 이 사실을 안 이집트의 파라오는 그를 주목하였고 그와 동맹을 맺게 되었다. 그러나 파라오는 신들이 폴리크라테스의 행운을 시기하지 않을까 걱정스러웠다. 그래서 그는 폴리크라테스에게 가장 값진 소유물을 찾아서 버리라고 충고했다. 그렇게 한다면 폴리크라테스가 어려움을 당하더라도 도와 줄 것이며, 그것만이 신들의 노여움을 면할 수 있는 길이라는 것이었다. 폴리크라테스는 이 충고를 좋은 생각이라고 여겨 보물을 샅샅이 뒤져서 반지 하나를 찾아냈다. 유명한 장인이 만든 이 반지는 금속에 에메랄드의 문장(紋章)을 박은 것으로 그가 가장 아끼는 보물이었다. 그는 50개의 노로 젓는 전함을 타고 바다 한가운데로 나아가 그것을 물 속에 던졌다. 이로써 자기는 안전할 수 있으리라고 생각했다. 그러던 어느 날 아침, 한 어부가 갓 잡아 올린 좋은 물고기를 가지고 궁성을 찾아왔다. 어부의 말로는 그 물고기가 너무 좋아서 보통 사람에게는 팔 수가 없어서 폴리크라테스에게 바치기 위해 갖고 왔다는 것이었다. 폴리크라테스는 그 어부의 정성과 물고기를 기쁘게 받아들였다. 그는 그 어부를 만찬에 청하고 그 물고기를 요리할 것을 명했다. 요리사들이 생선의 배를 가르자 그 속에는 폴리크라테스가 바다에 던졌던 바로 그 반지가 들어 있었다. 이집트의 파라오는 반지가 이와 같이 되돌아 왔다는 이야기를 듣자 그와의 동맹을 곧 파기해 버렸다. 분명히 신들은 폴리크라테스에게 무서운 운명을 예비하고 있었다. 그리고 실제로 그렇게 되었다. 얼마 후 폴리크라테스는 무참히 살해되었고 그의 제국은 멸망했다. 신들은 그의 행운을 그대로 보아 넘길 수가 없었던 것이다. 이러한 것들이 소크라테스가 어렸을 때 들은 신들에 대한 이야기였다. 옛날의 신들은 서로 다투고 거짓말하고 훔치고 사람의 모습으로 땅 위에 내려와서 친구를 보호해 주고 적에게 복수하였다. 소크라테스가 살던 당시의 신들은 한결 멀리 떨어진 곳에 있기는 했지만 여전히 힘은 강했으며 인간들의 사악함이나 교만함, 또는 지나친 행운을 벌하는 데 추호도 용서가 없었다. 그러나 이 모든 음울한 이야기에도 불구하고 즐거운 축제들은 장엄한 행렬과 희생 제물 그리고 흥겨운 잔치와 더불어 면면히 이어졌다. 그들은 해마다 한 번씩 마치 나무줄기처럼 보이는 아테네 여신의 낡은 목상(木像)을 떼어 내어 바닷물에 씻었다. 신전에는 신성한 뱀이 먹을 과자가 항상 놓여 있었다. 사람들은 여전히 신의 이름으로 엄숙한 맹세를 했고, 신화의 교훈이 무엇이든 간에 그 맹세를 깨뜨리면서도 아무 탈 없이 잘 지내고 있었다. 절기에 따라 그때그때 신들에게 희생 제물을 드리는 것은 신들과의 친화를 도와주는 일이었으며 현명한 행동이었다. 그러나 불과 몇 안 되는 기묘한 사람들 즉 흔히 '신을 경외하는 자'라고 일컬어지는 사람들은 좀더 깊은 생각을 하고 있었다. 죽음을 앞둔 노인들만이 사후의 세계는 어떠할까를 두려워하며 남의 물건을 훔치거나 거짓말을 한 것에 대한 신의 심판을 진심으로 걱정하고 있었다. 결국 법정에서도 이런 것들이 문제가 되었다. 신들은 이런 존재였고, 또한 사람들은 이렇게 신을 섬겼다. 소크라테스는 이에 대해 어떻게 생각했을까? 그는 친구들이 신들의 문제에 대해 그리 신경을 쓰지 않는다는 것을 일찍이 깨달았다. 그들은 신들의 질투에 대한 이야기를 들으며 몸을 떨면서도 스스로는 부자가 되고 행운아가 되기를 꿈꾸는 것이었다. 그들은 또한 신들이 물건을 훔치거나 거짓말을 하는 재주가 비상하다고 농담을 하면서도 죄에 대한 신의 징벌을 주제로 한 연극을 볼 때에는 비장함을 느낄 줄도 알았다. 또한 경기를 할 때 속임수를 쓰면서도 아주 편안한 마음으로 기도하고 제물을 바칠 줄도 알았다. 그러나 소크라테스는 이와는 달랐다. 그에게는 이상스런 일이 아닐 수 없었다. 그의 마음속에서는 모든 것이 이치에 합당한 것이어야 했다. 이 밖에도 또 한 가지 차이가 있었다. 사람들은 신들에 대하여 자기가 좋아하는 것이 무엇인가를 말할 수 있는 정도였지만, 소크라테스는 실생활의 경험에서 깨닫게 된 하나의 기준을 가지고 있었다. 아주 어렸을 적부터 그는 이른바 그만의 '신의 가호'를 가지고 있었다. 때때로 소크라테스는 어떤 예감 때문에 자기가 하려던 일을 그만두는 경우가 많았다. 그는 그때 그 일이 자기에게 좋지 않은 것이기 때문이라고만 설명했다. 그런데 그 역시 처음에는 이 '좋다'라는 말의 뜻에 대해 어렴풋이 느끼기는 했으나 설명할 수는 없었다. 그것은 행복과 어떤 연관성을 갖고 있었음에 틀림없었다. 왜냐하면 그 예감이 그에게 일러 주는 대로 행동했을 때에는 모든 일이 순조로웠기 때문이다. 그는 왜 그런지 잘 모를 때조차도 그것에 의지할 수 있다는 것, 그리고 의심하지 않고 그 예감에 순종할 수 있다는 것을 알게 되었다. 그 신호는 확실히 소크라테스 자신보다 현명했으며, 따라서 그 신호는 모든 것을 알고 있는 신들이 보내 주는 것임이 분명했다. 소크라테스는 성인이 되어서도 이 신호에 대해서는 그다지 많은 말을 하지 않았다. 아마 어렸을 때에는 이에 관해 한 마디도 하지 않았을 것이다. 설령 이야기를 한다고 해도 사람들은 훗날 이해하지 못한 것처럼 그때에도 이해하지 못했을 것이다. 그 신호는 몇몇 사람들이 생각한 것처럼 그의 마음속에 있는 또 하나의 작은 신은 아니었다. 그것은 또한 어떤 것이 무정한 것이고 어떤 것이 친절한 것인지, 어떤 것이 그릇된 것이고 어떤 것이 정직한 것인지를 일러 주는 양심도 아니었다. 그는 우리와 마찬가지로 이러한 것들을 분별해 낼 수 있었지만 그 신호가 가르쳐 주었다고는 한 번도 말한 적이 없었다. 그 신호가 그에게 하지 말라고 한 행동들은 아주 사소한 일상적인 일들, 예를 들면 어떤 장소에 간다든지, 어떤 사람과 이야기를 한다든지 하는 것들이었다. 어떤 사람들은 흔히 그런 것들을 운수와 관련지어서 틈바구니에는 발을 딛지 않는다든지 사다리 밑으로는 지나가지 않는다든지 하는 개인적인 금기와 동일시하거나 그에 관한 미신을 만들어 내기가 일쑤였다. 그러나 소크라테스는 그의 신호를 아주 다른 방향으로 해석했다. 그는 그 신호를 자기가 이미 마음속에서 느꼈어야 할 것의 단순한 본보기로 여겼다. 신들이 그 신호를 통해 자기를 좋은 방향으로 인도하고 있으므로, 자기는 그것에 순종해야만 한다고 생각했다. 그것을 알기란 그다지 어려운 일이 아니었다. 그러나 소크라테스는 무엇이든 그것에 대해 알 때에는 진심으로 알려고 하였다. 그리하여 그는 신의 신호와 함께 신들에 관한 아주 새로운 사고방식을 갖게 되었다. 그러나 아테네의 사람들은 비록 소크라테스의 설명을 들은 사람일지라도 이러한 사고 방식을 전혀 이해하지 못했다. 이 사고 방식에 의하면 가장 중요한 것은 신들이 인간들을 돌보아 준다는 점이다. 그는 이것을 느끼고 있었기 때문에 알 수 있었다. 신들은 왕이나 옛날의 영웅들만을 보살핀 것이 아니라 석공 소프로니스쿠스의 아들인 소크라테스도 돌보는 것이었다. 그렇다고 하면 신들은 선했다. 그에게 보내는 신호를 생각해 볼 때 그는 이것을 믿을 수 있었다. 그들은 인간 세계에서 볼 수 있는 모든 선함을 가지고 있다. 또한 그들은 인간들에게서도 오로지 선만을 원한다. 신들이 거짓말하고 훔치고 시기하고 노여워한다는 옛날이야기들은 그보다 더 좋은 것을 하나도 알지 못했던 사람들이 지어낸 이야기인 것이다. 선함이야말로 신들의 참된 징표였다. 선한 신들과 일치

되지 않는 것은 모두 인간의 상상에 지나지 않는 것이다. 아테네의 몇몇 다른 사람들도 얼마 후 이러한 사상에 관해 대화하기 시작했으며 그것이 분명히 옳다고 확신하였다. 이 사상이 옳은 것이라고 가장 확신에 차 있었던 사람은 소크라테스였다. 신들은 선하였고, 자신들을 경배하는 인간들에게도 다른 무엇보다도 선함을 요구하였다. 한 사람이 신을 믿느냐 믿지 않느냐를 판단할 수 있는 기준은 선함이라는 신들의 요구에 순종하느냐 순종하지 않느냐 하는 것이었다. 소크라테스는 이러한 확신에 이르게 되자 그 이후로 평생을 통해 한 번도 그 신념을 바꾸지 않았다. 따라서 그것은 그의 살아가는 자세에 큰 변화를 가져왔다. 한편 소크라테스도 알지 못하는, 혹은 미처 알아보려고 하지 않은 다른 세세한 사실도 있었다. 그는 신들의 모습이 어떠하며 또 신들의 수가 얼마나 되는지는 알지 못했다. 그는 편리한 대로 어느 신에게나 기도했다. 그리고 '신'이라든지, 혹은 별로 주의하지 않고 '신들'이라는 말을 사용하면서 신에 관하여 이야기했다. 아마 그는 한 분밖에 없는 '하나님'이라는 의미에서 '신'이라는 말을 썼는지도 모른다. 그러나 여기에 대해서는 전혀 알려진 바가 없다. 그는 오래된 여러 신상이나 희생 제물 또는 신들을 위한 행사에 대해서는 별로 개의치 않았다. 그는 어떤 식으로든지 선한 신들을 경배한다는 것은 즐거운 일이라고 생각했다. 평소에 드리는 온갖 경배와 예배에서도 그는 역시 그 도시에서 일반적으로 행해지고 있는 일을 했다. 그러면서도 자기가 하는 일의 의미를 좀더 깊이 생각하려고 애썼다. 예를 들어 친구들은 그가 어떤 이름이건 간에 신의 이름을 가볍게 함부로 들먹이는 것을 좋아하지 않는다는 사실을 알게 되었다. 어떤 일을 강조하여 말하려 할 때 그는 대부분의 사람들처럼 "제우스의 이름으로"라고 말하지 않고 "이집트 개의 이름으로"라고 말하였다. 개의 머리를 가진 이집트의 신은 그에게는 괴물이었을 뿐 신이 아니었던 것이다. 그리고 그가 신의 이름으로 맹세하였을 경우에는 자기가 약속한 것을 이행하는 데 그치지 않았다. 그는 다른 사람들이 그들의 약속을 굳게 지킬 수 있도록 도와주려고 노력했다. 그리하여 소크라테스가 '선함'과 '신'들에 대하여 일반 사람들과는 다르게 느끼는 점들이 어렸을 적부터 조금씩 표면에 드러나기 시작했다. 마침내 사람들은 이 차이를 강하게 느끼게 되었고, 이로 인하여 그를 사랑하거나 미워하게 되었다. 그러나 그가 다른 소년들처럼 자기의 직업을 위한 수련을 쌓고 있던 무렵에는 이 차이점은 드러나지 않고 있었다. 이 석공의 아들에게서 평범하지 않은 그 무엇이 분출되어 나오리라고는 아무도 기대하지 않았다.

제 4 장

기나긴 행군

해는 이미 반시간쯤 전에 서산으로 자취를 감추어 산골짜기의 군영에는 어둠이 짙어져 갔다. 병사들은 모닥불을 피우고 그 주위에 둘러앉아 저녁을 먹었다. 땔감을 하러 간 병사들이 밤새 땔 나뭇짐을 싣고 돌아오고 있었다. 모닥불이 기세 좋게 타고 있는 저 뒤편, 숲 가장자리 가까이에서 보초를 서고 있는 병사들이 투덜거렸다. 그들은 오늘 밤, 안도키데스 장군이 유난히 엄격하게 군다고 생각했다. 장군은 한 순간도 경계를 늦추지 말라는 명령을 내렸던 것이다. 그들은 아테네에서부터 이틀 동안 행군하여 우방국인 메가라의 영토 안에 들어와 있었다. 메가라는 아테네와 거의 다름이 없었고, 아테네의 수비대가 시내에 주둔하고 있는 곳이었다. 소크라테스는 같은 막사에 배정받은 크리톤, 멜레시아스, 글라우콘, 아리스톤과 함께 모닥불 가에 외투를 깔고 누워서 한 가지 생각에 몰두하고 있었다. 그에게는 이번 출전이 군대 훈련을 받은 이후 첫 경험이었기 때문에 아직도 군대놀이를 하는 것처럼 실감이 나지 않았다.

"여기까지 온 것이 도대체 무슨 의미가 있다고 생각하나?"

그가 크리톤에게 물었다.

"북쪽의 에우보에아가 말썽을 부린다고 해서 우리를 서쪽으로 보내 메가라의 이 고약한 산 구덩이 속에 파묻혀 있게 할 필요가 뭐 있겠나? 난 우리 부대도 페리클레스와 함께 에우보에아로 갔더라면 더 좋았으리라고 생각해. 그러면 우리도 싸움터에 나가게 되고 그곳을 정복할 수도 있을 텐데 말이야. 안도키데스 장군은 마치 한 달 정도 이곳에 주둔할 것처럼 준비를 하라고 하잖아."

크리톤은 몸을 쭉 펴며 불 옆에 편히 누웠다. 그는 다른 사람들을 둘러보며 다시 말을 잇기 시작했다.

"저 애국자 소크라테스를 좀 보게나. 아테네를 떠나온 지 닷새밖에 안 되었는데 벌써 돌아가고 싶어서 죽을 지경인 모양이야. 난 아무렇지도 않네. 원래는 이번 주 초에 농장에 내려가서 포도원을 손질할 예정이었다네. 여름이 오기 전에 말이야. 하지만 관리 감독이 잘 해낼 테지. 그런데 이 산에는 사냥감이 많을 것 같군. 리시클레스가 어제 잡아 온 사슴을 자네들도 보았나?"

"그건 그렇고, 그런데…."

멜레시아스가 말을 받았다.

"스파르타의 속셈을 알 수 있나? 그들은 페리클레스가 원정을 나가 있는 동안 아무도 몰래 이 골짜기를 거쳐 아테네를 침공할지도 몰라. 의회에서 우리 국민이 생각하고 있었던 건 바로 이 점이야."

"의회에서 우리 국민이 생각을 한들…."

소크라테스가 이렇게 말하자 모두들 한바탕 크게 웃었다. 장작 타는 냄새와 함께 저녁 식사 냄새가 구수하게 퍼져가는 밤의 대기 속에서 친구들과 장시간 농담을 주고받는 것도 퍽 재미있는 일이었다. 봄밤, 달이 떠오르고 거무스레한 산봉우리들이 원을 그리고 있는 골짜기의 모닥불 가에 그들 또한 원을 그리고 앉아 있었다.

"벌써 6년, 우리가 훈련을 받기 시작한 지 6년이 지났군. 그때 열여덟 살이었지. 기억하고 있나, 소크라테스?"

크리톤이 생각에 잠겨 말했다.

"기억하고 있네. '나는 내 신성한 무기를 소홀히 하지 않을 것이며, 전장에서 내 곁의 전우를 버리고 도망치지 않을 것입니다.'"

소크라테스는 고개를 끄덕이며 "군인 선서"를 암송했다.

"'나는 혼자 있거나 여러 사람과 함께 있거나 신들을 위하여 그리고 사람들을 위하여 싸울 것이며, 내가 물려받은 것보다 더 크고 더 좋은 것을 내 조국에 남길 것입니다.'" 그가 잠시 멈추자 다른 사람들이 다 함께 '군인 선서'를 외기 시작했다. "나는 장관들의 현명한 결정에 잘 따르며 현재의 법률과 또 앞으로 국민의 합의에 의하여 정해질 법률에 복종할 것입니다. 나는 법률을 뒤집어엎거나 그것에 복종하지 않으려 하는 사람에게는 그가 누구이든 굴하지 않을 것이며, 내가 혼자 있든 다른 모든 사람과 함께 있든 그를 말릴 것입니다. 나는 내 조상의 신전들을 귀하게 여길 것입니다. 신들이여, 이를 지켜보소서!" 선서가 끝나자 아리스톤이 말하기 시작했다.

"그렇지, 그 당시 우리는 앞으로 큰일을 할 것이라 생각했지. 그건 우리가 항구에 있는 병영으로 행군해 내려가서 훈련을 시작하기 전의 일이었어. 지금은 이름도 잊어 버렸지만 우리를 훈런시키던 키 작은 사팔뜨기 교관한테 내 무기를 휘둘러대어 그 '신성한 무기'를 소홀히 다루기도 했어."

"그건 그다지 나쁜 일도 아니었어. 어쨌든 우리는 극장의 맨 앞줄을 차지했으니까. 그 일은 내 기억으로는 아마도 수비대에 근무한 지 2년째 되던 해였던 것 같아. 난 그 해의 마지막 여러 주일을 필레에 있는 언덕 위의 작은 성채에서 소크라테스와 함께 파묻혀 지냈는데 이 친구는 끊임없이 질문을 해댔지."

크리톤이 말하자 모두들 또다시 폭소를 터뜨렸다. 크리톤이 소크라테스를 좋아한다는 것은 누구나 알고 있는 사실이었다. 그들은 좀 이상한 우정을 나누고 있었다. 크리톤이 부유한 지주의 아들로서 동작이 느리고 둔감하면서도 실제적인 사람인데 비해, 소크라테스는 석공으로서 아무도 그의 신분을 높이 평가하지는 않았지만 확실히 생각하는 면이나 실제 행동에서 둔한 사람은 아니었으니 말이다. 소크라테스는 크리톤의 말에 부끄러워하지는 않았다. 그는 다음과 같이 말했다.

"나는 무엇인가를 배우고자 했을 뿐이야. 그 당시 나는 지혜란 아주 단순한 것이라고 생각했지. 몇 해만 더 탐구하면 찾을 수 있을 것이라고 생각했어. 그런데 지금 내 나이 스물 네 살이고 군대에 6년을 있었다네. 그리고 투표도 4번이나 했지만 '군인 선서'를 하던 그 10대의 소년이었을 때보다 아는 것은 더 적다는 생각이 들어. 예를 들어 '나는 내가 물려받은 것보다 더 크고 좋은 것을 내 조국에 남길 것입니다'라는 말을 난 그때 더 잘 이해하고 있었던 게 아닌가 싶어."

크리톤은 팔꿈치로 멜레시아스를 슬쩍 건드렸다. 네 사람 가운데 소크라테스를 제일 모르는 아리스톤이 걸려들었다.
"그게 뭐 문제가 될 게 있나?"
소크라테스가 대답하며 말을 계속했다.
"그 '더 좋은'이라는 짧은 말이 문제일세. 그 말에 대해 생각하면 할수록 그 말의 정의를 내려야 할 필요가 있다는 생각이 든다네. 그래 자넨 그게 무슨 뜻이라고 생각하나?"
"아주 간단하지, 그건 비교급으로 다른 어떤 것보다 더 좋은 것이라는 뜻이지 무엇이겠나? 더 많은 전함, 더 많은 건물, 더 많은 돈…, 그와 같은 거지"
라고 아리스톤이 말하자,
"드디어 걸려들었군."
크리톤이 멜레시아스에게 속삭였다. 소크라테스가 진지하게 말하기 시작했다.
"글쎄, 그렇다면 내가 자네의 말을 정확하게 이해했는지 좀 생각해보세. 자넨 클레오니무스를 본 적이 있겠지. 시장에 가면 그를 쉽게 만날 수 있잖아, 과자 파는 노점에서 말이야."
아리스톤은 아테네에서 제일 뚱뚱한 청년의 모습을 머릿속에 그리며 웃음보를 터뜨렸다.
"보기에도 참 딱할 정도지. 어지간해야 말이지. 그런데 그게 어떻다는 말인가?"
"그리고 에바곤을 아나?"
"올림픽에서 우승한 사람? 물론 알고말고."

"그러면 그 둘 중에서 누가 더 몸집이 큰가?"
"물론 클레오니무스지."
"그렇다면 누가 '더 좋은' 운동가인가?"
아리스톤은 에바곤의 이름이 나오자 자기가 졌다는 것을 알았다.
"아하, 너무 그렇게 문자 그대로만 따지지 말게. 나는 도시를 생각하면서 더 강하고 더 많은 일을 하는 도시, 즉 자기가 하고 싶어 하는 것이면 무엇이든지 할 수 있는 도시가 더 좋다고 말한 것일세."
소크라테스가 사과하는 어조로 말을 이었다.
"그래, 자네 말뜻은 알겠네. 하지만 이런 것도 좀 생각해 보세. 우선 자네는 용감한 사람과 비겁한 사람 중에 누구를 전우로 삼고 싶은가?"
"물론 용감한 사람이지."
"그 말은 용감한 사람이 비겁한 사람보다 더 좋다는 뜻이겠지?"
"그렇고 말고."
"그렇다면 어디에서 용감한 사람과 비겁한 사람을 구별할 수 있나?"
"그야 물론 싸움터에서지."
지금 상황에 다다르면서는 아리스톤도 소크라테스가 묻는 말에 몹시 경계하는 마음으로 답을 하기는 했으나 그로서는 이 토론이 어디로 향하고 있는지는 알 수가 없었다.

"그럼 싸움터에서 말이야, 적이 돌격해 올 때, 병사 한 명이 할 수 있는 일은 그래도 몇 가지는 있지 않을까? 예를 들면, 무릎을 꿇고 살려 달라고 애걸할 수도 있고, 방패를 내던지고 어디로든 도망가 버릴 수도 있을 것 아닌가?"

"그렇기는 하지만, 그것은 비겁한 자나 할 수 있는 행동이 아닌가!"

아리스톤이 소리를 질렀다.

"그렇지, 비겁한 자만이 도망을 치지. 그러면 용감한 사람은 얼마나 더 훌륭한 일을 할 수 있겠나? 용감한 사람이라고 해서 그가 할 수 있는 일이 무엇이 더 있겠는가 하는 말일세. 그는 오로지 단 한 가지 일만을 할 수 있을 걸세. 자기 상관의 명령에 따라 전진하기만 하는……"

"그래."

아리스톤은 수긍할 수밖에 없었다. 그는 곧장 함정에 빠져 들어갔다. 사실 그 길 이외에는 다른 길이 없기도 했다.

"자, 이제는 싸움터에서 '자기가 하고 싶어하는 것'이라면 무엇이든지 할 수 있는 자는 비겁한 사람이요, 또한 용감한 사람은 아니지?"

"그렇군."

"그런데 우리는 비겁한 자를 '더 나쁜 자'라고 했고, 용감한 자를 '더 좋은 자'라고 했지?"

아리스톤은 비로소 자기가 졌음을 시인하면서 고개를 끄덕였다.

"결국 '자기가 하고 싶어 하는 것'이라면 무엇이든지 할 수 있다는 것을 더 좋은 것의 표준이라고 단정할 수는 없을 거야. 절대로 그렇지만은 않아. 우리는 이 문제에 대해 다시 한번 생각해 보아야 해, 아리스톤."

소크라테스는 이렇게 말을 마쳤다.

옆에서 대화를 듣고 있던 크리톤, 멜레시아스, 글라우콘이 크게 소리를 내어 웃기 시작했다. 아리스톤 또한 서글서글한 운동선수의 기질을 가진 사람이어서 함께 어울려 웃었다.

크리톤이 말했다.

"자네에게 미리 알려 줄 걸 그랬네, 아리스톤. 그런 유희에서 자네가 소크라테스에게 이길 수야 없지."

소크라테스는 빙그레 미소를 지었으나 곧 고개를 흔들었다. 그리고는 한층 더 진지한 어투로 말했다.

"아리스톤을 패배시킨 것은 내가 아니라 토론 그 자체야. 그리고 그건 유희가 아니라네. 크리톤, 그것이 유희가 아니라는 것을 자네도 알 걸세. 해마다 새 학년이 되면 우린 그 선서를 했지. 물론 우리는 여름철 긴 행군을 할 때에는 우리의 이른바 '신성한 무기'를 놓고도 농담을 했지. 그러나 그러면서도 우리는 우리의 무기를 신성한 것으로 생각하고 있다네. 우리 가운데 어느 누구라도 자기가 살던 때 누렸던 것보다 더 좋은 것을 아테네에 남겨 놓고 싶어 할 걸세. 그렇다면 우리는 어떻게 해야 하나? 우리는 아테네 그 자체에는 관심을 두지 않고 아테네에 속한 것들에만 마음을 쓰고 있네. 전함과 선창, 병기창 같은 것들을 만드는 데만 머리를 쓰고 있지. 우리는 다만 우리들의 도시를 크고 강하게 하는 것으로, 어리석은 무지 속에서 무엇이든지 그 '마음에 드는' 것만을 만들어 내는 것으로 아테네를 더 좋게 만들 수 있다는 생각을 한단 말일세. '이집트의 개'를 두고 말하네만, 언제쯤이면 우리 아테네 사람들이 무지에서 깨어나 배워야 할 것이 얼마나 많은가를 알게 될까?"

 이것은 소크라테스로서는 긴 연설이었다. 다른 네 사람은 한동안 묵묵히 그를 바라보고만 있었다. 크리톤이 무어라 말을 하려 했을 때 어떤 사람이 어둠 속에서 그들이 둘러앉아 있는 곳을 향해 비틀거리며 다가왔다.

 그는 리시클레스였다.

 "지금 막 안도키데스 장군에게서 오는 길이네. 소식을 전해 주지. 메가라의 귀족 당이 그곳에 있는 우리 수비대에 대항하여 반란을 일으키고 수비대원들을 학살했다네. 그래서 온 마을이 들고 일어났지. 고린트, 에피다우루스, 시키온이 그 음모에 가담해 있다네. 한사람이 가까스로 도망쳐 나와서 우리에게 그 사실을 알려 주었다네. 하지만 이미 반란군이 아테네로 가는 길을 장악하고 있기 때문에 누군가가 페리클레스에게 가서 소식을 전했는지조차 알 길이 없다네. 우리 뒤에 진을 치고 있는 스파르타 군도 언제 공격해 올지 모를 일이네. 내일 새벽에 행군할 준비를 미리 해두게나."

 이리하여 소크라테스의 최초의 군사적 모험이 시작되었다. 그는 다른 사람들과 함께 동이 트기 전에 잠에서 깨어났고, 어둠

속에서 더듬거리며 행장을 꾸렸다. 날이 밝자 명령이 떨어졌다. 그들은 적의 복병이 있는지 살피면서 소리를 죽이고 이슬이 내린 숲길을 내려가기 시작했다. 복병은 나타나지 않았다. 높은 언덕을 무사히 내려오자 아테네 군은 두 갈래 길에 이르러 결단을 내려야 할 상황에 처하게 되었다. 오른쪽 길은 메가라를 지나 아테네로 가는 길로 적군이 점령하고 있었다. 왼쪽 길은 북쪽 보에오티아의 산맥 지대를 향해 나 있었는데, 보에오티아는 아테네 북쪽 이웃에 있는 나라였다. 안도키데스는 왼쪽 길로 가라는 명령을 내렸다. 역사가들은 그 행군을 대수롭지 않은 것이라고 평가하고 있다. 기껏해야 안도키데스 장군과 한 종족의 세 연대가 노새와 양이 지나갈 수 있을 정도의 좁은 길과 광야를 따라 북쪽 산맥 지대를 거쳐 그들의 집으로 돌아간 것으로 보는 것이다. 그러나 소크라테스와 그의 전우들에게 그것은 대수롭지 않은 행군이 아니었다. 소크라테스는 그 후 유명한 전투에서 여러 번 싸웠다. 그가 참전했던 전투에 대해서 다른 사람들은 많은 이야기를 했지만 소크라테스는 자신이 이런 전투에 대해서 어떻게 생각하는지를 전혀 말하지 않았다. 다만 군인은 자기 자리를 지키고 있어야 한다고만 말할 뿐이었다. 그는 용감한 군인이었다. 어떻게 보면 뛰어나게 용감한 군인이었다. 그리고 이 처음 출정에서 그는 크리톤이나 그 밖의 다른 친구들에게 틀림없이 좋은 전우였다. 그들은 북쪽의 파가에로 가는 길을 택했다. 파가에는 바닷가의 조그만 촌락이었는데 길은 이곳에서 끝나고 있었다. 그리고는 해변을 따라 노새가 지나다니는 좁은 길이 있을 뿐이었다. 노새가 다니는 길이 으레 그렇듯이, 이 길도 험하고 울퉁불퉁하며 돌이 많아 발을 헛딛는 경우가 많은 위험한 길이었다. 그들은 이 길을 한 줄로 나란히 서서 제대로 발걸음을 옮겨 딛지도 못할 정도로 어렵게 어렵게 행군해 갔다. 길 아래쪽으로는 그들이 예전에 한두 번 횡단했던 작은 평야가 펼쳐져 있었는데 그곳 역시 길이라고는 말라가는 논의 진흙탕 길밖에 없었다. 그들은 두어 군데의 촌락을 지나 마침내 바닷가에 있는 회색 요새를 지나가게 되었다. 여기서부터 조금만 더 행군하면 내륙으로 돌아 들어갈 수가 있었다. 그들은 내륙 쪽으로 돌아갈 수밖에는 도리가 없었다. 고국에 있는 사람들은 그들이 지금 어디에서 얼마나 힘든 행군을 계속하고 있는가를 알고 있었지만 아테네 군함이 이 근처에 와서 제때에 그들을 구조해 줄 가능성은 무척 희박했다. 아테네 사람이라면 누구나 그렇듯이, 그들 역시 바다가 보이는 곳에서 태어나서 자랐기 때문에 바다에 대해 애정을 갖고 있었다. 그렇기 때문에 바다를 버리고 산길을 택해야 한다는 것은 무척이나 고통스러운 선택이었다. 그리고 이 산은 몹시 험했다. 산 위로는 키타에론 산의 험준한 봉우리들이 하늘을 찌를 듯이 높이 솟아 있었는데 이는 사람들에게 위압감을 느끼게 하는 것이었다. 그들은 어렸을 때부터 들었던 키타에론 산에 대한 옛 이야기들을 잘 알고 있었다. 이곳은 마에나데스, 즉 술의 신 디오니소스를 섬기는 정령(精靈)이 반쯤은 미친 듯이 춤을 추었던 곳이었다. 이 여자들은 자신들의 길고 하얀 손가락으로 사나운 짐승들을 갈기갈기 찢을 수 있었다. 또 이 산은 실제로 그와 같은 일이 있었으리라고 믿어질 만큼 높이 솟은 큰 바위들과 잔뜩 꼬인 채 자라다 만 소나무들이 음울한 분위기를 자아내고 있었다. 좁은 오솔길마저 군데군데 형편없이 망가져 있어서 자칫하면 길을 잃기 십상이었다. 안내자가 없었더라면 그들 역시 길을 잃고 말았을 것이다. 그때 그들이 피티온과 함께 있었던 것은 참 다행한 일이었다. 그들은 길이 끝난 곳에서 피티온을 만났다. 그는 아마 숯 굽는 사람이 아니면 양치는 사람이었을 것이다. 그는 집에서 아무리 멀리 떨어져 있는 산길이라도 잘 알고 있었다. 피티온은 친절한 사람이었고 또 성의 있는 안내자였다. 이 행군에 동참한 것은 그의 생애에서 큰 모험이었다. 그리고 훗날 이 행군에 대한 이야기와 안도키데스와 그의 세 연대의 이름 그리고 이들이 지나온 길을 알려 준 사람도 바로 그였다. 그는 사람들에게 이 이야기를 들려줄 때 다소 과장을 섞었을지도 모른다. 피티온은 '자기의 창이 일곱 사람의 몸뚱이를 찌르고 부러진 일'에 대해 장황하게 떠벌리며 자랑을 해댔다. 그가 군대에 입대한 지 얼마 되지 않아 치열한 전투가 있었다. 소크라테스가 산에서 야영하던 날부터 기억해 오던 많은 일들은, 산길에 익숙한 피티온에게 별로 말할 만한 것으로 생각되지 않았다. 야생 찔레에 발목을 찔리면서 여러 시간 동안 비탈길을 기어오르던 일, 발을 헛디뎌 아래에서 행군해 오는 사람의 머리 위로 돌이 굴러 떨어졌던 일, 빤히 내려다보이는 산골짜기에는 시냇물이 환한 띠처럼 걸려 있는데도 산중턱에서는 쨍쨍 내리쬐는 햇빛에 목이 타던 일, 머리 위에서 음산한 날갯짓으로 빙빙 원을 그리며 노려보던 검은 독수리들, 밤이면 소나무 숲 속에서 짖어대던 여우들……. 그들의 머리를 줄곧 떠나지 않았던 것은 아테네에서 무슨 일이 일어나지나 않았을까 하는 불안감이었다.

 그들은 낮 동안에는 가능한 한 행군 속도를 빨리 했다. 한 발자국을 내디딜 때마다 그만큼 집에 가까워지고 있는 것이었다. 밤에는 그들이 피운 모닥불의 횟수를 세어 날짜를 계산했다. 스파르타 군이 골짜기를 지나오는 데는 며칠이나 걸릴까? 그들이 메가라로, 엘레우시스로, 아테네로 행군해 가는 데는 얼마나 걸릴까? 언제쯤 전령이 북쪽에 있는 페리클레스에게 운 좋게 도달할 수 있을까? 그가 다시 돌아오는 데는 또 얼마나 걸릴까? 그들은 페리클레스가 돌아오는 데 걸리는 시간에 대해서는 각자 나름대로 계산했지만, 정작 제때에 고국으로 돌아갈 수 있다고 생각하는 사람은 극히 적었다. 그러나 마침내 그들도 아테네가 내려다보이는 필레의 잿빛 요새에 도달하였다. 산허리를 돌아들면서 "아테네다!" 하는 감탄의 외침이 줄 앞에서부터 터져 나와 뒤로 뒤로 이어져 갔다. 여러 날 동안이나 그리워하던 끝에 아테네를 눈앞에 보게 된 것이었다. 아크로폴리스의 성벽이 나타났다. 성벽 아래로 시장이 있고, 그 옆으로는 의회건물이 서 있었으며, 빽빽하게 들어선 집들이 보였다. 또 이 도시의 생명선인 살라미스 만도 보였다. 아테네에서는 그 동안 페르시아 군들과 큰 해전을 치렀다. 그리고 저쪽 서편의 평야에는 —— 누군가가 흥분하여 손가락으로 그곳을 가리켰다 —— 행군해 오는 군대의 번쩍이는 창과 자욱한 먼지가 보였다. 필레로부터 아테네까지는 약 14마일이었으나 마지막 10마일은 큰길이었기 때문에 그들은 빠른 속도로 행군을 할 수 있었다. 어둠이 깔리기 전에 그들은 다른 일곱 연대의 전우들 곁에 설 수 있게 되었는데, 적군은 아테네 시의 앞문에서 멀지 않은 곳에 진을 치고 있었다. 그날 밤 소크라테스는 자기의 보초 구역인 시의 성벽 위에서 야영지의 모닥불을 보았다. 내일은 힘든 날이 될 것이었다. 아테네 군의 숫자가 스파르타 군보다 훨씬 적다는 것은 누구나 알고 있는 사실이었다. 그러나 다음날에는 전투가 없었다. 그 다음날에도 마찬가지였다. 결국 전투는 벌어지지 않았다. 스파르타 군은 하루 이틀 진을 치고 있다가 어찌된 일인지 진영을 거두어 퇴각해 버리고 말았다. 전쟁은 그렇게 어처구니없이 끝나고 말았다. 아크로폴리스의 꼭대기에 모여 사태의 추이를 지켜보던 아테네 사람들은 자신의 눈을 의심했다. 어떻게 된 일인가? 이야기하기를 좋아하는 이 도시에서도 이에 대한 진상은 밝혀내지 못했다. 오직 페리클레스만이 아무 것도 아니라고 말했고, 그는 이렇게 된 것에 대해 전혀 놀라는 것 같지 않았다. 그러나 얼마 되지 않아 들려온 소문에 의하면, 군대를 이끌고 온 스파르타의 왕이 어떤 일에 연루되어, 재판을 받았고, 많은 액수의 벌금을 문 뒤, 그의 장군과 함께 유배를 당했다는 것이었다. 그리고 페리클레스는 그해 연말 의회에 제출한 결산 보고서에 아무런 설명도 붙이지 않은 채 '필요한 경비 10탈렌트'라는 항목을 포함하여 승인을 요청했다. 이것은 꽤 여러 해 동안 아테네에서 농담거리가 되었다. 그리고 이 이야기는 오랜 세월에 걸쳐 사람들의 입에 오르내렸다. '바로 저 스파르타 사람들처럼'이라는 말이 유행하며 사람들은 "그들은 뇌물의 유혹을 절대로 이길 수 없었다"고 말하는 것이었다. 피티온은 아테네에 머물렀다. 소크라테스는 가끔 감탄을 금치 못하는 청중에게 둘러싸여 세 연대의 행군 이야기를 하는 그의 모습을 보곤 했다. 그 이야기는 할 때마다 조금씩 불어나고 있었다.

그 후 그가 죽었을 때—그리하여 숯 굽는 사람들의 집 문 옆에 묻히게 되었을 때—그 이야기를 자신의 묘비에 새기게 했다. 우리는 지금도 이 비문을 읽을 수가 있다.

제 5 장

무신론자 아나크사고라스

스파르타의 위협이 사라지자 아테네 사람들은 평화롭던 시절의 일들을 다시 할 수 있게 되어 무척 기뻐했다. 경기장은 다시 운동선수들로 가득 찼으며, 노인들은 배심원의 차례를 기다리면서 주랑(柱廊)에 앉아 담론을 즐겼다. 빵집 앞을 지날 때면 늘 신선한 빵 냄새가 풍겨 나왔고, 대장간의 모루 위에서는 날마다 쇠 소리가 경쾌하게 울려 퍼졌다. 소크라테스의 집 근처 거리에서는 망치로 돌을 두드리는 소리가 들렸다. 그러나 소프로니스쿠스의 집에 들러 보면 소크라테스와 그의 아버지는 집에 없을 때가 많았다. 그들의 친구들이 대부분 그랬듯이 그들도 공적으로 계약을 맺고 있었다. 그들은 여신 아테네를 위한 새 신전의 원주를 만드는 일이 자기가 지금까지 한 일 중에서 제일 힘든 일이라고 생각했다. 펜텔리쿠스 산의 채석장에서 대충 다듬어진 대리석 덩어리들이 소달구지에 실려 바퀴 자국이 깊게 패인 이곳까지 운반되어 오면, 여러 무리의 숙련되지 않은 노동자들이 땀을 뻘뻘 흘리며 힘겹게 공사장으로 들어 내리는 것이었다. 그 다음의 일은 소프로니스쿠스와 소크라테스, 그들을 돕는 노예 기술자들이 맡아서 하게 되어 있었다. 자유인과 노예는 함께 일을 했다. 그들은 돌 하나하나를 북 모양으로 잘라 원주의 부분 부분을 만들었다. 이 부분들은 원주를 들어 세울 때 밧줄을 감을 수 있도록 네 개의 귀를 깎지 않았기 때문에 완성되었을 때의 크기보다 약간 더 컸다. 북 모양의 부분이 다 완성되면 그것을 하나씩 도르래로 감아 올려 마지막 돌 위에 얹었다. 중심을 맞추어 가며 작업을 했기 때문에 아래에 있는 동(사물과 사물을 잇는 마디)의 나무못이 위에 있는 동의 구멍에 꼭 맞아 들어갔다. 원주의 기둥 전체를 만드는 데는 이와 같은 동이 12개가 있어야 했다. 동 하나하나의 윗부분과 아랫부분은 일이 모두 끝났을 때 원주가 마치 단 하나의 돌로 만들어진 것처럼 보이게끔 아주 섬세하게 만들어졌기 때문에 잇는 부분은 눈에 띄지 않을 정도의 가는 금이 있을 뿐이었다. 그러나 이것이 일의 전부는 아니었다. 원주는 위에서 아래로 수직선을 긋듯이 세워지는 것이 아니라 안쪽으로 조금 기울어져야 했다. 그리고 그 측면의 윤곽은 아주 가는 초만큼이나 섬세한 곡선을 이루어야만 했다. 이미 신전의 마루 전면의, 거의 보이지 않는, 위로 향한 곡선처럼 보일 듯 말 듯하게, 바깥쪽을 향한 곡선을 그려야 하는 것이었다. 그것은 건축이 끝났을 때 건축가나 그 일에 직접 참여한 일꾼들만이 차이를 알아차릴 수 있을 만큼 섬세한 일이었다. 그렇게 해야만 다른 사람들이 지붕과 마루가 내려앉지 않을 것이라고 ─ 만약 그 선들이 완전하게 곧은 일직선을 그리고 있다면 곧 내려앉을 것처럼 느껴지기 때문이었다 ─ 생각하면서 만족해하는 것이었다. 또한 그들은 원주가 매우 튼튼하여 신전의 무게를 거뜬히 지탱해 낼 수 있으리라고 느끼면서 만족스러워 했다. 원주가 세워졌을 때 소크라테스는 원주 주위에 만들어 놓았던 기둥머리에 올라가서, 돌이 상하지 않게 하기 위해 감싸 놓앉던 덮개를 벗겼다. 그리고 진작 시작했던 아랫부분의 돌부터 홈을 파내려 가는 일을 끝마쳤다. 20개의 홈을 파는 일은 꼭대기의 기둥머리까지 기둥의 몸통을 타고 올라가야 하는 어려운 작업이었다. 그 홈들 사이에는 돌칼만큼이나 날카로운 날이 세워져 있어서 몹시 위험하기도 했다.

 소크라테스는 이곳 공중 높이 설치되어 있는 나무로 된 발판 위에 서서 여러 시간을 보냈다. 발 아래로 연극을 하는 극장이 내려다 보였다. 그 극장은 햇빛을 받으며 텅 비어 있었다. 오른쪽으로는 성벽이 길게 항구까지 이어져 있었다. 내리쬐는 햇빛을 되쏘아 황금빛이 감도는 항구의 푸른 물 위에는 여기저기 하얀 돛단배가 한가로이 떠 있었다. 그가 이따금씩 멀리 산을 바라보면 리카베투스의 가까운 언덕, 대리석을 파내느라 산허리에 깊은 상처가 패인 펜텔리쿠스 산, 꿀벌을 많이 치는 히메투스 산이 눈에 들어왔다. 히메투스 산은 찬란한 분홍빛과 자줏빛의 저녁노을로 아테네에, 아테네 사람들이 가장 좋아했던 이름 즉 '빛나는 아테네, 보랏빛 왕관을 쓴 자'라는 이름을 지어준 산이었다. 어느 유명한 시인이 한 이 말은 단지 한 구절의 시구에 불과했지만 소크라테스는 이 구절이 참으로 사실 그대로를 말하고 있다고 생각했다. 해가 지기 전, 늦은 오후의 황금빛 광선속에서 드러나 보이는 아테네는 보랏빛 왕관 모양으로 이 도시를 둘러싸고 있는 언덕들의 중심에서 빛나고 있었다. 그러나 소크라테스에게는 사람들이 전혀 없는 경관이란 아무리 아름다워도 사막이나 다름없는 것이었다. 그는 일이 끝난 후 친구들과 함께 신전의 마루 위에 앉아 있을 때가 가장 즐거웠다.

　그 당시의 아크로폴리스에는 삶의 풍성함이 있었다. 어디에서나 여러 무리의 일꾼들이 흩어져 일을 하고 있었다. 채석장에서는 쉴 새 없이 새 대리석이 운반되어 왔다. 한편 오랫동안 미완성인 채로 있는 신전의 기둥에 쓰였던 북 모양의 돌도 눈에 띄었다. 이것은 페르시아 군에 의해 불태워졌는데 지금은 깨끗하고 하얗게 손질되어 새로 세우는 주랑의 기둥으로 다시 쓰이고 있었다. 발판이 올려지고 있었고, 감독은 기둥 밑의 기초 공사를 점검하고 있었다. 아테네의 제1인자인 페리클레스 원수는 때때로 건축가 중 한 사람이나 조각가의 우두머리인 피디아스와 함께 공사장을 둘러보았다. 페리클레스는 아크로폴리스에 올라가기를 좋아했다. 그는 새 신전들을 특별히 사랑했다. 그는 이 신전들을 세우기 위해 의회에서 반대자들과 맹렬하게 싸웠다. 마침내 자신의 의견을 관철한 지금에 와서는 거의 날마다 공사장을 찾아와 일이 얼마나 진척되었는지를 보는 것이었다. 대규모의 건축 공사는 물론 실직자를 구제하기 위한 한 방편이기도 했다. 페르시아와의 전쟁이 끝난 직후, 함대가 돌아와서 아테네에 기항해 있을 때, 말할 수 없이 어려웠던 그 여러 해를 아테네 사람들은 결코 잊을 수가 없었다. 소크라테스는 막 성년이 되었을 그 무렵의 일을 잘 기억하고 있었다. 그 당시 아테네에 있는 사람들은 너무 많은 반면, 일거리는 너무 적었다. 그러던 것이 대규모의 건축 공사가 여러 차례 실시되면서 이제는 누구나 쉽게 일거리를 구할 수가 있었다. 그러나 아테네와 동맹을 맺은 도시 국가들은 불만이 쌓여 가기 시작했다. 그들은 자기들이 동맹의 대가로 지불하는 것이 선박을 만들며 수병을 양성하고 페르시아 군과 싸우는 데 쓰이기를 원했지 아테네의 신전을 만드는 데 쓰이기를 원하지는 않았다. 페리클레스는 건물을 세우는 데 동맹국의 돈을 아낌없이 썼다. 또 필요한 경우에는 자신의 개인 재산도 쏟아 부었다. 이 건물들은 그에게 남다른 의미가 있기 때문이었다. 그 건물들을 짓는 것은 수백 명의 사람들 — 목수, 화가, 그리고 대리석, 구리, 삼나무, 상아, 황금 등을 가지고 일하는 기술자들 — 에게 일거리를 주기 위해 시작된 것만은 아니었다. 또한 그 건물들이 도시를 안락하고 흡족한 곳으로 만들어 아낙네들과 아이들이 잘 먹고 편안하게 지낼 수 있도록 하기 위해 만들어지는 것만도 아니었다.

페리클레스는 아테네에 대해 하나의 꿈을 가지고 있었다. 그리고 이 꿈은 머지않아 실현될 수 있을 것처럼 여겨졌다. 그것은 이 도시를 인간이 만들 수 있는 가장 훌륭하고 아름다운 곳으로 만드는 것이었다. 페리클레스는 사람들이 할 수 없는 일이란 거의 없다고 생각했다. 어떠한 아름다움이나 어려운 기술도 사람이 성취하지 못할 만큼 대단한 것은 없다고 생각했다. 이러한 점을 온 세계에 증명해 보이되, 그 모든 것을 아테네에서 이룩하여 보여주는 것이 아테네의 사명이었다. 아테네는 바야흐로 그리스의 살아 있는 학교가 되어야만 하는 것이었다. 모든 국민이 나랏일에 참여하고 있다고 느끼는 정치의 자유에 의하여, 위대한 희곡들이 보여주는 지혜에 의하여, 축제의 기쁨에 의하여,

그리고 이제는 도시의 왕관으로 완성되어가는 아크로폴리스의 아름다움에 의하여……. 아테네 여신의 신전이 공사의 전부는 아니었다. 건축 공사는 이 신전에서부터 시작되어 그 아래의 시장 곁에 위치한 불의 신 헤파에스투스의 신전까지 계속되고 있었다. 그 공사에는 아테네와 페이라에우스 항구를 잇는 또 하나의 성벽과 페이라에우스 자체를 위한 새로운 도시 계획이 포함되어 있었다. 아크로폴리스 위에 신축되고 있는 많은 건축물들은 하나하나가 제각기 독특한 아름다움을 지니고 있었다. 이 모든 건축물들의 여왕은 아테네 여신의 신전이었다. 이 신전은 훗날 '처녀의 집' 곧 '파르테논'이라고 불리게 되었다. 신전의 구조는 소크라테스와 그의 동료 석공들은 알아볼 수 있지만 대부분의 다른 사람들은 다만 신비롭다고 느낄 수밖에 없는 여러 가지 세공과 비밀의 곡선을 그리는 키 큰 대리석 기둥들, 그리고 조각한 판벽이 자리할 처마로 이루어져 있었다. 그 판벽들은 언덕 아래에 있는 피디아스의 작업실에서 만들어지고 있었다. 이것들이 완성되면 기둥의 하얀 빛깔과 대조를 이루면서 갖가지 빛으로 환하게 빛날 것이었다. 주랑의 첫줄 내부에는 각 기둥마다 조각을 해 넣어 하나의 띠처럼 보이게 되어 있었다. 신전 안에 설치될 여러 편의 그림은 이미 완성되어 있었다. 소크라테스는 그 그림들을 보았다. 정점에 이른 아테네의 아름다운 생활을 묘사한 그림들은 아테네 여신을 위한 축제 행렬 때 이 신전 내부의 벽에 전시될 예정이었다. 기병과 전차들, 행군하는 병사들과 바구니를 든 처녀들, 승려와 공직자들, 심지어는 신들까지 아테네의 시민들 틈에 끼여 모여들었다. 신전이 완성되면 박공(搏栱) 앞뒤에는 무수한 대리석상이 놓이게 될 것이다. 지붕에는 대리석 기와를 얹게 될 것이며, 천장은 벌집 모양으로 오목오목 들어가는 장식을 하게 되어 있었다. 그리고 모든 사람들이 알고 있는 대로 신전 내부의 가장 신성한 장소인 지성소(至聖所)에는 피디아스의 작품인 상아와 황금으로 만들어진 수호여신상이 세워지게 되어 있었다. 이러한 신전을 세우고자 한 페리클레스와 그의 친구들의 꿈은 신전을 만드는 기술자들에게도 어느 정도 이어져 내려갔다. 석공들은 공중 높이 설치될 조각의 세밀한 부분을 완벽하게 마무리하는 것을 특별한 자랑으로 여겼다. 노예들과 외국에서 온 노동자들도 자유민과 함께 조각하거나 돌을 운반하거나 기둥을 끌어 올리는 등 힘든 일을 해나갔다. 페리클레스는 매일같이 그곳에 들러 일의 진척 상태뿐만 아니라 일하는 사람들의 표정을 보고 매우 기뻐했다. 페리클레스 이외에도 많은 사람들이 아크로폴리스를 찾아왔다. 신전은 모든 사람들의 자랑거리였다. 거의 모든 시민들이 짬을 내어 신전 건축이 얼마나 진척되었는지 한 번씩이라도 둘러보았다. 부인네들도 왔으며 좀처럼 보기 힘든 귀부인들조차 발걸음을 뗐다. 그리고 귀부인들은 땀을 흘리며 일하는 노동자들 사이를 지나 피디아스의 작업장으로 가서 정중한 영접을 받는 것이었다. 이러한 방문은 많은 소문을 퍼뜨리는 빌미가 되었다. 그러던 중 마침내 한 여인이 이 언덕 전체의 소문을 독점했다. 그녀는 아스파시아라는 이름의 소아시아의 밀레토스에서 온 아름답고 젊은 외국 여인이었다. 냉철하고도 명석한 페리클레스 원수가 그녀와 사랑하게 되었다는 소문이 퍼진 것이었다. 아스파시아는 아테네에서 아무런 신분도 가질 수가 없었다. 페리클레스 자신이 만든 국제결혼을 금지한다는 법률 때문에 그녀는 법적으로 그의 아내로 인정받을 수도 없었다. 그들 사이에서 태어난 아이가 아테네 시민의 자격을 얻기 위해서는 의회의 특별 투표를 거쳐야만 했다. 소크라테스의 몇몇 친구들은 페리클레스가 이 외국 여인을 사랑한다는 것에 대해 몹시 못마땅하게 생각했다. 그러나 소크라테스는 아스파시아를 만나보고 난 후 그녀에 대해 좋은 감정을 가질 수 있었다. 페리클레스는 사고할 수 있는 여성을 발견했던 것이다.

페리클레스의 친구들 중 주목할 만한 또 한 사람은 과학자 아낙사고라스였다. 그도 역시 소아시아 사람이었는데 페리클레스가 아테네로 초청한 것이었다. 사람들의 말에 의하면 그는 내세적인 사람이었다. 그는 자기 나라에 있을 때 천체를 연구하느라 가산을 탕진했다고 했다. 그는 아테네 주변에서 '정신'이라는 별명으로 불리면서 놀림을 받았다. 소크라테스는 아낙사고라스와 대화를 나눌 기회는 거의 없었으나 그를 한 번 보자마자 큰 흥미를 느끼게 되었다. 그리하여 소크라테스는 아낙사고라스의 사상에 대해 좀더 자세히 알고 싶어 했다. 사람들이 아낙사고라스에 대해 그에게 해준 말들은 대부분 무의미한 것들이었다. 그러나 한 순간 이 이야기들에 깔린 깊은 생각의 일단을 감지하게 되자 그 이야기에 함축되어 있는 의미가 결코 사소한 것이 아님을 알아차렸다. 아낙사고라스가 생각을 하기 시작한 것은 오래 전 하늘에서 '염소의 강'으로 떨어진 커다란 검은 돌 때문이었다. 그는 그 돌을 자세히 살펴보고 만져 보기도 했는데, 그 돌은 다른 바위들과는 아주 달랐다. 만일 그 돌이 하늘에서 떨어졌다면 하늘에는 신화에서 이야기하는 것처럼 신들이 있는 것이 아니라 돌들이 있는 것이 틀림없었다. 아낙사고라스는 그 후 이 문제에 대해서 많은 사색을 거듭했다. 그리고 마침내 한 가지 학설을 내놓았는데, 이것은 아테네에 대단한 선풍을 불러일으켰다. 그는 우리가 살고 있는 지구는 평평한 원으로서 마치 물위에 떠 있는 나뭇잎처럼 공중에 떠서 움직이고 있으며, 별들이 그 주위를 돌고 있다고 생각했다. 이 점에 대해서는 사람들도 별다른 관심을 갖지 않았다. 상당수의 과학자들이 그 이전부터도 그렇게 생각해왔던 것이다. 다만 아테네 사람들은 지금까지 아테네에 살면서 이와 같은 학설을 강력하게 주장하는 과학자를 본 적이 없었을 뿐이었다. 그러나 태양과 달에 관한 그의 학설은 신들의 관점에서 보자면 다소 무례한 점이 있었다. 그는 태양이란 신이 아니라 스파르타와 주변의 예닐곱 나라를 안고 있는 펠로폰네소스 반도보다 조금 큰 시뻘겋게 달구어진 금속 덩어리일 뿐이라고 주장했다.

또한 이것만으로는 부족하다는 듯 달에 대해서도 자신의 주장을 계속해서 펴나갔다. 달은 그 자체의 빛이 없이 태양의 빛을 반사하는 흙으로 되어 있고, 달에는 언덕과 골짜기도 있을 것이며, 아마도 사람들이 살고 있으리라는 것이었다. 달이 회전하다가 지구와 태양 가운데 들어서면, 한낮에도 태양이 빛을 잃어 검게 보이는 현상을 초래하며, 마찬가지로 우리가 살고 있는 지구가 태양과 달 사이에 들어서면 달도 캄캄해진다고 하였다. 이 모든 것은 아테네에서 격렬한 논쟁을 불러 일으켰다.

토론의 분위기는 험악해져서 항상 우호적으로 끝나기가 힘들었다. 그 전에는(물론 연례행사처럼 희생 제물을 신들에게 바치기는 하면서도) 신들에게 아무런 관심도 보이지 않던 사람들까지도 아낙사고라스의 학설 — 태양은 불타는 금속 덩어리이고 달은 흙덩어리라고 한 것 — 이 종교에 어떤 무례함을 범하지 않았나 하고 갑자기 대단한 염려를 하게 되었다.

소크라테스는 이처럼 신들을 가장 열렬하게 지지하는 사람들 가운데 몇 명은 페리클레스의 정치적 적대자라는 사실을 알게 되었다. 페리클레스의 적들은 스스로를 '귀족'이라고 불렀다. 페리클레스 자신은(그 당시 새로이 기세를 떨치던 민주주의의 투사이기는 했으나 그 역시 아테네 명문 귀족 출신이었는데) 그들을 '소수파'라고 불렀다. 그러나 소크라테스에게는 귀족 출신이든 아니든 그들이 아낙사고라스와 그의 과학적 학설을 정치적인 싸움거리로 삼으려고 하는 시도가 분명히 보였다.

천체의 징조와 기이한 현상들을 풀이하는 일로 먹고 살던 광신적인 늙은 점쟁이 디오페이테스도 말썽을 일으켰다. 그는 자신의 직업 때문인지는 몰라도 어쨌든 천체의 신성(神性)을 굳게 믿고 있었다. 디오페이테스의 조카로 소크라테스와 신전 기둥을 만들 때 같이 일했던 디온은 아낙사고라스가 사형에 처해지지 않는다면 아테네가 신들의 은총을 받기는 힘들 것이라고 공개적으로 떠벌리고 다닐 정도였다. 소크라테스는 아테네 사람들의 거친 토론을 자주 들었다. 당시에는 아테네 시민들이 정치에 직접 참여하고 있었기 때문에 그것은 곧장 행동으로 옮겨질 수도 있었다. 그러나 실제로는 토론의 내용이 직접 행동으로 옮겨지는 일은 거의 없었다. 따라서 어느 날 저녁 디온이 찾아와 중대한 소식을 전해 주었을 때 소크라테스는 큰 충격을 받았다.

"충성스러운 모든 아테네 시민들은 오늘의 일을 기뻐하지 않으면 안 된다."

디온은 소프로니스쿠스와 소크라테스, 그리고 몇몇 친구들이 앉아 있는 방으로 들어오면서 엄숙하게 말했다.

"이제 신들의 은총이 아테네로 되돌아 왔다네. 그 무신론자가 정죄되었네!"

그 '무신론자'가 누구인지는 굳이 물을 필요조차 없었다. 하지만 소크라테스는 그 천진난만한 과학자가 다른 사람들이 숭배하는 것처럼 신을 믿지 않는다고 여길 만한 이유는 없다고 생각했다. 디온은 앞으로 어떤 일이 일어날 것인가를 사람들에게 퍽이나 어렵게 말해 주었다. 쉽게 말하면 그것은 다음과 같은 이야기였다.

디오페이테스와 그의 광신적인 친구들이 페리클레스의 정적인 '귀족들'과 흥정을 했다. 그들은 아테네 시의 많은 보수적 투표자들로부터 지지를 약속받았다. 그리고 그 다음날에는 농민들이 아테네로 몰려오게 되어 있었다. 그들은 추수를 전적으로 신에게 의존하고 있었기 때문에 종교에 관한 위험한 이야기는 그 어떤 것을 막론하고 싫어했다. 따라서 그들이 어느 편에 투표할 것인가는 자명한 일이었다. 그날 디오페이테스는 의회에서 공격을 개시하게 되어 있었다. 그는 아나크사고라스에 관해서는 아무 말도 할 필요가 없었다. 다만 신을 섬기지 않고, '천상의 일'에 대한 위험한 학설을 가르치는 사람을 벌해야 한다는 새로운 법률을 제안하기만 하면 되는 것이었다. 그 법률은 통과되지 않을 수 없었다. 만약 그 법률안에 반대한다면 곧 무신론자라는 낙인이 찍힐 것이었다. 어느 누가 감히 그렇게 되기를 바랄 것인가? 그렇게 되면 나머지 일은 정치가들이 법정에서 처리할 것이었다. 그 모든 절차는 지극히 합법적이었다. 디온이 이러한 계획을 털어 놓자 곧이어 열렬한 토론이 전개되었다.

소크라테스의 친구로 많은 여행을 하여 진보적인 사상을 갖고 있던 필리누스라는 외국인이 일어나 아나크사고라스를 강력히 옹호하였다.

"결국에는 태양과 달에 관한 아나크사고라스의 학설이 옳을지도 모르지. 만약 저 높은 곳에 돌들이 없다면 '염소의 강'에 떨어진 검은 돌은 도대체 어디서 왔겠는가?"

이 말을 들은 디온은 몹시 화를 냈다.

"그런 건 우리가 따질 문제가 아니지 않는가! 신들에 관해 이러쿵저러쿵 따지려 들지 말게! 돌이 있든 없든 그것은 인간이 알바가 아니야. 자네는 신들을 노엽게 해서 아테네에 재앙과 파멸을 가져올 셈인가?"

"재앙이란 공기나 물이 나빠지면 오는 거야."

필리누스가 나지막이 말을 이었다.

"누구든 잘 아는 학자에게 물어 보게. 그리고 파멸이니 뭐니 하지만 자네는 무슨 뜻으로 그런 말을 쓰는가? 자네도 잘 아는 것처럼 자네 나라의 현인이었던 솔론도 자네 나라는 신들의 뜻에 의해 멸망하는 것이 아니라 군인들의 탐욕과 어리석음 때문에 멸망할 것이라고 하지 않았나?"

이것은 디온에게는 너무나도 지나친 말이었다. 그는 이 불경스런 자에게 경건한 신자가 할 수 있는 온갖 저주를 다 퍼부어댔다. 그가 말을 마치자 필리누스는 기다렸다는 듯이 디온을 공박했다.

"자네는 마치 신들에 관해서 모든 것을 알고 있는 듯이 떠벌리는군. 그렇다면 자네는 신을 본 적이 있나? 한 번이라도 만져 본 적이 있어? 지나간 일은 그만 두고라도 오늘날 일어나는 일들 가운데 자연의 원인에 의하여 설명할 수 없는 것을 단 한 가지라도 내게 말해 줄 수 있는가?"

그 자리에 있던 대부분의 사람들은 디온과 반대되는 입장에 있었고 신을 향한 그의 경건심은 거만하기 그지없다고 생각했다. 그러나 필리누스의 말도 어느 의미에서는 확실히 지나친 데가 있었다. 항의하는 고함소리가 터져 나왔고 모두들 술렁대기 시작했다. 마침내 소프로니스쿠스가 손을 들어 사람들을 진정시켰다. 연로한 소프로니스쿠스는 자신의 집이 평화롭기를 원했던 것이다.

"자네들 말에도 다 일리는 있다고 생각하네. 필리누스의 말처럼 아나크사고라스가 태양에 관해 진리를 발견했을지도 모르지. 젊었을 때에 나도 그와 비슷한 이야기를 들은 적이 있거든. 아마 그때는 돌과 흙이 아니라 불같이 뜨거운 증기였다고 했을 거네. 그러나 그것 역시 무신론에서 나온 생각이었지!"

그는 미소를 지으며 말을 계속했다.

"그러나 그때 우리는 그것이 법정에 호소해야 할 문제는 아니라고 생각했다네."

디온이 항의하려 했다.

"잠깐만."

소프로니스쿠스가 손짓으로 디온의 말을 막으며 이야기를 이어나갔다.

"우리는 그때 그것을 법률적인 문제로 생각하지 않았다고 내가 말했지? 그러나 지금은 다를지도 모르지. 나는 필리누스의 의견에 찬성하지는 않네. 그리고 요즘 내 주위의 젊은이들을 살펴보면 시대가 바뀌었다는 것을 잘 느낄 수 있다네. 예를 들어 무두장이의 아들 클레온을 보더라도 말일세. 그 애는 영리하기는 해도 말하는 것이 너무 신랄하고 손윗사람들을 모두 미워하거든. 신들을 경외한다는 것을 시대에 좀 뒤떨어진 건전하지 못한 사고방식이라 여기는 것 같아. 시대가 변해 가는 것 같다네…. 그래, 시대가 정말 많이 바뀌었어."

그는 마치 혼잣말을 하듯이 말을 이어갔다.

"살라미스 해전에서 승리한 후, 페르시아 함대가 떠나가고 마침내 우리가 자유롭다는 것을 알게 되었다네. 그때 기분이 어떠했는지 아직도 잘 기억하고 있지. 우리는 그때 신들이 우리와 함께 있음을 분명히 느꼈다네. 아무도 달리 얘기할 수 없었지. 태양이니 달이니 그런 것들이 무슨 문젯거리가 될 수 있었겠나? 그러나 지금은, 그래, 디온의 말이 옳을지도 모르네. 옛 신앙을 그대로 생생하게 지켜 나가려면 그런 법률이 필요할지도 모르지. 이러한 시대에 나라를 위해서 무엇이 가장 좋은지 누가 알려 줄 수 있단 말인가?"

소크라테스는 자기 아버지의 생각에 동의하지 않았다. 그러나 아버지를 존경하는 마음에서 잠자코 침묵을 지키고 있었고, 소프로니스쿠스가 잠자리에 들 때까지는 토론에 끼지도 않았다. 토론은 밤이 늦도록 계속되었으며 끝날 줄을 몰랐다. 디온과 필리누스는 서로 자신의 의견을 완강히 고수했다. 그러나 소크라테스는 이 토론을 끝까지 지켜보고 난 후 디온과 자기 아버지의 생각이 옳지 않다는 것을 그전보다도 더 확실하게 깨닫게 되었다. 중요한 것은 진리였다. 그는 이것을 알고 있었다. 신들은 진리로부터 먼 곳에 있는 것이 아니었다. 그들은 진리를 사랑하는 자였다. 그러나 만일 우리가 진리를 감추려고 하면, 또 하나의 위험을 초래하게 되는 것이었다. 그렇게 하면 우리는 우리에게 가장 귀한 것을 상실하게 될지도 모른다. 이 가장 귀한 것이란 바로 이것이다라고 단언할 수는 없어도, 그것은 진정으로 우리의 가장 깊은 곳에 있는 것이요, 신들과 가장 가까운 것이었다.

물론 디온은 어리석었다.

 소프로니스쿠스는 현명한 노인이었으나 진리를 멈추게 하는 것이 아테네를 돕는 것이 아니라 아테네에 해를 끼치게 된다는 것을 모르고 있었다. 그렇다면 진리란 무엇인가? "모든 원인은 자연에 있다"는 필리누스의 말은 전적으로 옳은가? 확실히 그의 말은 옳은 것 같았다. 하지만 소크라테스는 그것만으로는 무엇인가 부족하다고 느꼈고 따라서 그의 말에 만족할 수 없었다. 그는 깊은 생각에 잠긴 채 자리를 떠났다. 모든 사람들이 예상했던 대로 이튿날 디오페이테스는 그의 법률안을 통과시켰고, 아나크사고라스는 결국 재판을 받게 되었다. 그의 죄명은 불경(不敬)이었는데 대체로 그 형벌은 사형이었다. 이 소송 사건은 여러 날 동안 아테네 주변에서 화제의 중심이 되었다. 그러나 아테네 시의 양심을 위해서 다행스럽게도 그는 사형에 처해지지 않았다. 페리클레스가 그를 빼내어 아테네를 떠나게 한 것이다. 아나크사고라스는 소아시아로 돌아가 람프사쿠스에서 새 보호자를 만났다. 그는 그곳에서 죽을 때까지 연구를 계속했다. 페리클레스와 그의 친구들은 아나크사고라스를 떠나보낸 후 섭섭해 했다.

 자연 과학에 관한 그의 저서가 나왔을 때, 그것은 베스트셀러가 되었다. 태양과 달에 관한 그의 사상은 결국 아주 새로운 것도 놀랄 만한 것도 아니었다. 그의 연구를 계승한 다른 천문학자들이 그의 학설의 과오를 수정해 나갔다. 아마도 그를 가장 오래 그리고 가장 잘 기억한 사람은 결국 람프사쿠스의 아이들이었을 것이다. 아나크사고라스는 자신이 이 세상을 떠난 날을 해마다 학교의 공휴일로 해줄 것을 요청했던 것이다.

제 6 장

발 견

소크라테스는 아나크사고라스를 깊이 있게 잘 알지는 못했지만, 쉽게 잊지 못했다. 자기가 이 세상에 태어난 것은 쾌락이나 명성을 위해서가 아니라 태양이나 달 등의 천체를 연구하기 위해서라고 말할 수 있었던 사람에게는 그 무엇에도 비길 수 없는 훌륭한 점이 있었다. 나이 많은 도공 무세가 말한 것처럼 안다는 것은 확실히 중요한 것이었다. 그리고 어떤 것을 좀더 확실히 알기 위해서는 그 사실에 대해 경이로움을 갖는 것에서 한 걸음 더 나아가 진지하게 연구하지 않으면 안 되었다. 소크라테스는 세계의 본질에 관하여 현자들이 말했던 점들을 연구하는 데 몰두했다.

그러나 소크라테스는 지구나 태양 또는 하늘보다는 인간을 탐구하는 데 더 많은 관심을 가졌다. 그는 천체를 구성하고 있는 사물들에 하나의 근본 물질이 있다고 한다면, 반드시 인간 세상의 만물에도 근본 물질이 있을 것이라고 생각했다. 지금과 같은 지구를 만든 법칙들을 알아낸다면 또한 인간에 대해서도 설명할 수 있으리라고 생각한 것이었다.

소크라테스는 맹렬히 탐구하기 시작했다. 그는 체육관의 탈의실이나 주랑에 모인 학식 있는 사람들의 대화에 귀를 기울였다. 그러나 이들 가운데 오직 한 사람, 아나크사고라스의 제자 아르켈라우스만이 훗날 그의 스승으로 일컬어졌다. 수학자 피타고라스의 학설을 배웠던 심미아스와 케베스 같은 외국인을 포함해 몇몇 사람이 그의 가까운 친구가 되었다. 소크라테스는 매우 총명하고 민첩한 사람이었다. 더욱이 진리에 대한 강한 탐구욕과 비상한 기억력을 갖고 있었기 때문에 얼마 지나지 않아 그는 현자의 명성을 얻게 되었다. 그는 아테네를 방문하는 박학다식한 사람들을 모두 만났다.

 또한 학식이나 지혜 등에 대한 관심이 고조되어 있었던 때라 그는 손일 하는 사람, 다시 말해 육체적인 노동을 하는 직업을 가진 사람들이 환영받지 못하던 저녁 만찬에도 자주 초대를 받았다. 그렇다고 이러한 것이 소크라테스를 변화시키지는 않았다. 그는 새로 만나는 사람들에게 각별히 흥미를 가졌다. 그에게는 모든 사람들이 흥미가 있었다. 그러나 소크라테스는 사람들을 재산이나 지위에 따라 평가한 것이 아니라 사상으로 평가했다. 그렇지 않으면 평가라는 것 자체를 하지 않았다.

 한편 소크라테스가 많은 사람을 만나면서 찾아냈던 현명한 지식이나 재주의 그 어떤 것도 그가 찾고 있던 지혜에 비길 것이 못 되었다. 그는 사물들이 어떤 과정을 거쳐 지금과 같은 상태에 있게 되었는가를 설명할 수 있는 지혜를 찾고 있었다. 그것은 노련한 도공이 자기가 만들고 있는 모든 주전자의 원형에 대해서 설명할 수 있는 것과 마찬가지였다.

 소크라테스는 사물의 원형을 찾으려고 애쓰는 사람이 의외로 많다는 사실에 놀랐다. 한 세기가 넘도록 "세계는 무엇으로 되어 있는가?", "그것이 어떻게 지금과 같은 상태로 되었는가?"라는 문제에 몰두하고 있었다. 이 문제에 대해 적극적으로 깊이 생각한 사람들은 보수적인 아테네 사람들이라기보다는 동부와 서부 그리스 사람들이었다. 사실 아낙사고라스의 학설도 그와 같은 과학적인 학설을 접해 본 적이 없었던 아테네 사람들에게나 혁신적인 것이었지 다른 지역 사람들에게는 그다지 새롭고 특이한 것이 아니었다.

 소크라테스가 들었던 '세계와 그 형성'에 관한 과학자들의 학설 중 어떤 것들은 지나친 추측에 의한 것도 있었다. 예를 들어 물고기에 관한 엠페도클레스의 사상이 그러했다. 시칠리아 사람 엠페도클레스는 지상의 생물들이 대부분 흙으로 되어 있고, 하늘을 나는 새들이 불로 되어 있듯이, 물 속의 생물들은 대부분 물로 되어 있다고 생각했다. 그러나 물고기는 예외였다. 물고기 속에는 불이 가득 차 있어서 시원해지기 위해 물 속으로 들어간다는 것이었다. 이러한 학설을 처음 들었을 때, 소크라테스는 엠페도클레스가 자신이 보았던 어떤 것을 설명하려고 했던 것임을 알아차렸다. 그는 어느 날 아침 선창에서 어부들이 잡아 온 고기들이 갑판 위에서 펄쩍펄쩍 뛰는 것을 보았음에 틀림없었다. 물고기가 뜨겁다는 것을 확인하기 위해서는 손으로 잡아 보아야 했을 것이다.

 그러나 왜 물고기를 직접 만져 보려고 하지 않았을까? 하지만 이 과학자는 많은 주의를 기울여 관찰한 결과, 인간의 신체에서 혈액이 어떻게 순환하는가, 그리고 숨이 어떻게 들이쉬어지고 내쉬어지는가를 설명해 냈다. 소크라테스는 이러한 예를 통해 좋고 나쁜 관찰과 거기에서 비롯된 옳고 그른 판단들이 서로 섞이면서 오랜 세월을 통해 교정되어 왔다는 것을 깨달았다. 진보는 한없이 더뎌 보였고, 한 과학자의 학설에 정반대되는 학설이 발표되면 한편으로는 실망하기도 했다.

그러나 소크라테스는 이 모든 것의 가장 밑바닥에 깔려 있는 과학자들의 숭고한 정신을 볼 수 있었다. 그 정신은 그들의 어리석음마저도 하나의 지혜가 될 수 있게 만드는 힘이었다. 그들은 온갖 시행착오에도 불구하고 한결같이 사물들의 전체를 설명할 수 있는 조화의 '법칙', 불변의 '법칙'을 찾으려는 정열을 갖고 있었고, 그것이 바로 그들의 힘이었다. 그 중 한사람은 만물이 물에서부터 생성한다고 생각하였다.

그는 나일 강이 범람한 후 새로 태어난 생물들이 나일 강의 진흙탕 속에서 기어 나오는 것을 보았던 것이다. 또 다른 사람은 세계의 근본 물질은 증기요, 이것이 부풀기도 하고 응축되기도 하면서 만물을 생성시킨다고 생각했다. 아마도 그는 증기가 응축하여 물이 되고 물이 얼어 얼음이 되는 것을 보았을 것이다. 또한 어떤 사람은 세계의 근본 물질을 불이라고 생각하고 불은 항상 없다가는 있게 되고 있다가는 다시 사라진다고 말하기도 했다.

이 모든 사상 가운데 그 당시의 학자들 사이에서 가장 인기가 있었던 것은 엠페도클레스의 사상이었다. 그는 세계의 구성 물질을 흙, 공기, 불, 물이라고 보았는데, 이 네 요소들이 '사랑'에 의해 혼합되기도 하고, '투쟁'에 의해 분리되기도 하는 과정을 거치면서 세계와 인체가 형성된다고 주장하였다. 세계의 근본 물질에 대한 이 모든 사상에는 한 가지 풀리지 않는 문제점이 있었다. 그것은 이 근본 물질이 무엇이든 간에 '왜' 그리고 '어떻게' 우리가 보는 바와 같은 여러 가지 사물들로 변화할 수 있는가를 설명하는 일이었다. 그것은 누구에게나 무척 어려운 과제였다. 이 점에 관해서 서부 그리스의 일부 과학자들은 무엇이든지 운동하거나 변화한다고 말할 수 없다고 단정하기도 했다. 그들은 재치 있게 온갖 논법을 펴나갔다.

그 중 한 가지를 예로 들어 보자.

생물들 중에서 가장 느린 거북이 있고 그 뒤를 가장 빠른 아킬레스가 달린다고 가정해 보자. 아킬레스는 거북을 따라잡을 수 있겠는가? 엄밀하게 말하면 아킬레스는 거북을 따라잡을 수 없다. 왜냐하면 아킬레스는 그 거북의 뒤에서 출발했기 때문에 거북이 출발한 점까지 뛰어가는 동안 거북은 조금이나마 앞으로 더 나아가기 때문이다. 그렇게 되면 아주 미세한 차이지만 아직도 아킬레스는 거북을 따라잡지 못하고 있는 것이다. 거북이 마지막으로 있었던 지점에 아킬레스가 도달하는 데는 아주 짧은 순간, 즉 1초의 수백분의 1만 있으면 될 것이다. 그러나 그 순간에도 거북은 조금 앞으로 움직여 나가고 있다.

이와 같이 생각하면 아킬레스는 거북을 절대로 따라잡을 수 없다. 물론 이것은 터무니없는 생각이다.

그러나 이러한 예를 생각해 낸 제논은 우리가 변화나 운동 등 도저히 있을 수 없는 것들을 믿는다면 우리의 정신은 자연스럽게 이러한 혼란에 빠질 수밖에 없다고 주장한다. 이와 같은 것들이 소크라테스가 당면한 문제였다. 그는 여기에 대해서 생각하면 할수록 혼란에 빠졌다. 생물의 성장이라든지, 하나에 하나를 더하면 둘이 된다든지 하는, 이전에는 아주 단순하고도 명백하게 보였던 것들도 어렵게 여겨지기 시작했다.

과학자들 사이에 오가는 논의들로부터는 아무런 결론도 얻어낼 수 없을 것 같이 생각되었다. 이런 상황이 벌어지게 된 이유는 아마도 그들이 실제의 세계에서 나타나는 현상에는 아무런 주의도 기울이지 않고, 다만 다른 사람들의 학설로부터 자기의 학설을 짜내고 있었기 때문일 것이다. 소크라테스가 보기에 사물들을 정말 주의 깊게 관찰하려는 사람은 의사밖에 없었다. 그러나 그들 역시 유행하고 있던 4원설(四元說)에 모든 것을 끼워 맞추려고 하면서 가끔씩 혼란에 빠졌다. 당시의 과학자들은 의사들의 흥미를 끄는 대상 — 사람의 신체 — 에 깊은 관심을 갖고 있었다. 인간이란 무엇이든지 할 수 있는 놀라운 생물이라고 생각한 페리클레스와 그의 친구들처럼 과학자들은 사람의 몸에 대해서 경이로움을 품고 있었다. "인간이란 얼마나 놀라운 존재인가"라고 그들은 감탄하는 것이었다.

사람들의 눈은 여러 방향으로 돌릴 수 있으며 잘 때에는 감고, 바람이 불면 속눈썹이 먼지를 막아주는 한편, 눈썹은 이마의 땀이 눈으로 흘러 들어가지 않게 해준다. 앞니는 음식을 물어뜯고, 어금니는 음식을 씹는다. 사람의 입은 그 눈과 코에서 적당한 위치에 자리 잡고 있어서 눈과 코가 선택해 주는 음식을 먹는

다. 엠페도클레스는 사람을 관찰하면서 사람과 같은 놀라운 생물이 출현하기까지에는 많은 시행착오가 있었을 것이며, 사람들은 그 수많은 시행착오를 거친 후에야 비로소 발전되어 온 존재일 것이라고 생각했다. 지금에는 찾아볼 수 없지만, 과거의 오랜 세월에 걸쳐서 괴상한 동물들이 생겨나고 사멸했을 것임에 틀림없다. 그 가운데는 머리와 가슴이 서로 다른 방향으로 도는 것도 있었을 것이고, 사람의 얼굴을 한 소와 소의 얼굴을 가진 사람도 있었을 것이다. 그러나 그러한 것들은 모두 살아남기에 적합하지 못했기 때문에 세상에서 사라져 버리고 잊혀지고 말았다.

또한 처음에는 모든 동물의 등뼈가 한 덩어리였으리라고 짐작되는데 그 중 하나의 등뼈가 우연하게 구부려지고 꺾였을 것이다. 그러나 그것은 유익한 발전이었고 또 이 발전은 계속되어 지금에 이르렀다.

사람의 등뼈가 아주 많은 조각으로 되어 있는 것은 바로 이러한 이유 때문이라고 엠페도클레스는 생각하였다. 소크라테스에게는 이러한 종류의 과학이 매우 흥미로웠다. 특히 인간의 정신에 관한 과학자들의 설명은 더욱 그의 관심을 끌었다. 어떻게 사람들은 생각하는가? 과학자들은 이에 대해 다양하게 설명했다. 그들이 생각한 세계의 근본 물질이 무엇이든지간에 그것은 또한 정신을 구성하는 물질이기도 하다고 보는 것이 일반적인 관념이었다. 정신은 가장 순수한 증기 혹은 가장 미세한 불이었다.

또는 심장 둘레의 혈액이 가지고 다니는 그림자, 즉 눈으로 보고 귀로 들은 것들의 그림자가 곧 생각이었다. 사람이 횡격막으로 생각한다는 사상은 시대에 뒤떨어진 낡은 것이 되었다. 몇몇 의사들이 주장하는 학설, 다시 말해 우리의 사고 능력은 뇌와 관련이 있다는 학설이 가장 그럴 듯한 새로운 사상이었다.

여러 해 뒤 소크라테스는 어떤 문제를 해결하기 위해 애쓰다가 결국 실패만을 거듭한 몇몇 친구들에게 '이치를 싫어하는 자'(misologists : 그리스 말로 로고스를 싫어하는 자라는 뜻이다)가 되지 말라고 충고했다. '미솔로지스트'는 자기의 정신을 사용하는 데 낙심하고 '추론하는 것을 증오하는 자'가 된 사람을 묘사하기 위해 그가 만든 단어였다. 그것은 마치 다른 사람들을 너무 믿다가 실망하게 된 사람들의 상태와 매우 흡사하다고 소크라테스는 설명했다.

"어떤 사람이 추론하는 과정에서 어떤 때는 옳아 보이기도 하고 어떤 때는 잘못되어 보이기도 할 것이다. 이때 자기 자신의 관찰력이나 재주가 모자라는 것은 나무라지 않고 추론하는 일 자체를 그만 귀찮아하거나 무의미한 것이라고 여긴다면 이것은 서글픈 일이다. 그런 사람은 그 후로 죽을 때까지 이성(理性)을 증오하며 그것을 나쁘게 말한다." 이런 일을 매우 좋지 않게 생각한 소크라테스는 자기 친구들에게 이런 일이 생기지 않도록 주의하라고 힘주어 말하곤 했다. "이성으로 추리하는 것이 건전하지 못하다는 생각을 버립시다. 그 대신 우리 자신이 아직 건전하지 못하다고 생각하면서 건전하게 되기 위해 사나이답게 분투합시다." 소크라테스는 '이치를 싫어하는 자'가 되는 것이 얼마나 위험한지 잘 알고 있었다. 그 역시 이 위험에 빠진 적이 있었다. 그러나 여러 해 동안 모든 현인들의 말이 머릿속에서 되뇌어졌다. 그것들은 서로 무수한 논쟁을 일으키며 모순을 밝히고 수정을 해나가는 것이었다.

 소크라테스는 과연 자신이 이러한 탐구를 제대로 해낼 만한 정신을 가지고 있는가를 의심하기 시작했다. 사람들은 물론 소크라테스를 가리켜 현명한 사람이라고 말했다. 그러나 정작 소크라테스 자신은 지금까지 훌륭한 것을 많이 배웠음에도 불구하고, 그 모든 것을 가지고 결국 무엇 한 가지라도 중요한 것을 알게 되었는가 하는 자책에 빠지곤 하였다. 다른 사람들을 만족시켜 준 설명들만으로 그는 만족할 수 없었다. 그는 자기 자신이 그 어느 때보다도 지혜에서 멀리 떨어져 있다고 생각하였다. 그러던 어느 날 소크라테스는 어떤 사람이 아나크사고라스의 책을 읽는 것을 듣게 되었다. 그는 훗날 이때의 사정을 전혀 기억하지 못했다. 그것이 어느 공휴일 오후 체육관에서의 일이었는지, 아니면 학문에 관심을 가지고 있던 어느 부잣집에서의 저녁 만찬에서 있었던 일인지는 잘 기억나지 않았지만, 어쨌든 어떤 사람이 아나크사고라스의 책을 소리 내어 읽고 있었고 소크라테스는 듣고 있었다.

 그는 그 당시 누구의 학설에서도 별로 새로운 것을 기대할 것이 없을 정도로 자기가 모든 것에 대해 더 잘 알고 있다고 생각하고 있었다. 그러나 그 책은 새로운 것이었고 아테네에 막 도착된 것이었다. 그것은 매우 가치 있는 책처럼 보였다. 책을 읽고 있는 사람 곁에 놓여 있는 파피루스 두루마리는 한 개가 아니었다. 소크라테스는 아테네의 무지(無知)로 인해 이 도시에서 추방당한 헌신적인 과학자가 그 후로도 사색과 연구를 계속했다는 생각에 매우 기뻤다. 그는 아낙사고라스가 별들에 관해 얻어낸 새로운 연구 결과가 어떤 것인지 매우 궁금했다. 그 책은 매우 체계적으로 기술되어 있었다. 제일 먼저 사물들의 제1원리와 기원을 밝히고 있었다.

아낙사고라스의 설명에 의하면, 우리 눈에 보이는 모든 것은 하나의 혼합물이었다. 찬 물건 속에도 얼마간의 열은 존재하는데 그것이 차다고 일컬어지는 것은 그 속에 열보다도 찬 기운이 좀더 많이 있기 때문이라는 것이었다. 또한 "흰 것 속에도 얼마간의 검은 것이 있다"고 아낙사고라스는 주장했다. 그는 눈 속에 까만 반점들이 있는 것을 보았으며 눈이 녹으면 어떻게 흰 빛이 사라지는가도 관찰했던 것이다. 매우 타당해 보이는 설명이었다. 그 사람은 계속해서 책을 읽어 나갔다. "다른 것들은 그 속에 다른 모든 것의 일부분을 가지고 있으나 '정신'은 무한한 것이요, 자기 스스로를 다스리는 것이며 또 다른 어떤 것과도 혼합되어 있지 않은, 자기 혼자 스스로 있는 것이다. 그것은 최고의 힘을 가지고 있으며, 크거나 작거나 생명이 있는 모든 것을 지배한다.

존재하게 되었던 것 또는 앞으로 존재하게 될 것이 무엇이든지, 그리고 지금은 존재하지 않는 것 또는 이미 존재하고 있는 것 그것이 무엇이든지간에 이 모든 것은 '정신'에 의해 마련되었다…." 이 밖에도 설명이 길게 이어져 갔으나 소크라테스는 더 이상 듣지 않았다. 설령 신들이 그의 마음속에 불빛을 비춰 준다고 할지라도 이보다 더 눈부시지는 못할 것 같다는 생각이 소크라테스를 압도해 왔다. 이것은 마침내 그에게 무엇인가 매듭을 지어 주는 것이었다.

아낙사고라스는 드디어 만물에 대해 설명해 줄 수 있는 하나의 해답을 발견한 것이었다. 세계에는 하나의 '지성'(知性)이 활동하고 있으며, 이것이 모든 만물을 각기 최선의 상태에 있도록 배열하는 것이다. 정신이 이와 같은 일을 하며 늘 좋은 것을 찾고 있다는 점은 확실하다. 이는 노련한 도공이 하는 일에 비견될 수 있다. 말하자면 오직 무지한 도공만이 좋지 못한 항아리를 만드는 것이다. 따라서 '정신'은 모든 사물을 각각 그 최선의 상태에 있을 수 있도록 만들었으며 또 끊임없이 그렇게 만들고 있는 것이다. 이런 것에 대한 자세한 이야기가 모두 그 책 속에 씌어 있을 터였다.

아낙사고라스는 단지 지구가 평평한가 아니면 둥근가에 대해서만 알려 주는 것이 아니다. 그와 같은 상태로 있는 것이 가장 좋다는 것, 그리고 그것이 왜 그러한가에 대해서도 알려 주고 있었다.

그는 만물을 형성한 '정신' 속의 좋은 계획이 무엇인가도 알려 줄 것이었다. 소크라테스는 이 굉장한 발견에 놀라움과 흥분을 느낀 나머지 머리가 어지러울 정도였다. 이제 논쟁은 끝나게 될 것이요, 흙, 공기, 불, 물을 만물의 원인으로 보는 일도 없을 것이다. 선(善)의 규칙에 따라 활동하는 이 위대한 지배자 '정신'에 비긴다면 그 모든 것은 얼마나 보잘것없는 것인가! 청중들은 그 책을 읽던 사람에게 박수갈채를 보냈다. "참 재미있군!", "아나크사고라스는 얼마나 슬기로운 사람인가!" 하고 사람들은 감탄을 금치 못했다. 그들 가운데 몇 사람은 과학에 흥미를 가진다는 것은 당연한 일이라고 생각하고 있었기 때문에 그저 듣고만 있었다. 낭독이 끝나자 그들은 한숨을 돌리며 이야기를 자신들이 이해할 수 있는 화제로 옮겨 갔다.

그때 소크라테스는 되살아난 듯한 심정이 되었다. 그래서 소크라테스는 그 책을 혼자서 읽고 공부할 수 있는 곳으로 가지고 갈 수 있었다. 그 당시의 책은 매우 엉성하게 씌어 있었다. 낱말들은 띄어진 데가 없이 모조리 붙어 있었기 때문에 빨리 읽어내려 갈 수가 있었다. 소크라테스는 그 책을 통독했다. 하지만 끝까지 다 읽기도 전에 그는 더 이상 이 책을 읽어야 할 필요가 없다고 느꼈다. 책을 내려놓았을 때 그는 아나크사고라스도 결국 다른 사람과 조금도 다를 바가 없다는 것을 너무나 확실하게 깨닫고 있었다. 그 역시 다른 사람들과 마찬가지로 네 가지 원소, 즉 흙, 공기, 불, 물로 세계를 설명하고 있었던 것이다. '정신'이라는 개념은 혼합을 깨뜨리기 위해서, 그리고 사물들을 움직이기 위해서 끌어들였을 뿐이었다. 그것은 마치 나뭇잎과 막대기 그리고 깃털들이 함께 둥둥 떠 있는 물대야 속에 손을 들이미는 것과 같았다.

우리는 손으로 물을 휙휙 저어 소용돌이를 일으킬 수 있다. 그러면 그 사물들은 서로 떨어져서 어떤 모양을 그리며 빙빙 돌게 된다. 어떤 것들은 밀려 나와 소용돌이의 가장자리에서 돌게 될 것이요, 또 어떤 것들은 소용돌이의 중심으로 모이게 될 것이다. 아나크사고라스가 말하는 '정신'이란 결국 이러한 소용돌이를 시작하게 하는 손에 지나지 않는 것이었다. 손이 움직여 일단 소용돌이를 일으키기 시작하면 이 소용돌이가 그 다음에 나머지 일을 모두 하는 것이었다. 소크라테스는 책을 주인에게 돌려주었다. 그리고 집에 틀어박혀 이 문제에 대해 골똘히 생각하였다. 지금까지 발견하지 못했던 위대한 개념이라고 생각한 것은 허무한 기대에 불과했다. 그는 이 여러 해 동안의 연구를 통해 마음속에 형성되고 있던 진리에 대해 분명한 생각을 정리해 냈다. 과학자들이 흙, 공기, 불, 물을 가지고 세계를 설명한 것은 옳다고 할 수도 있다.

따라서 그들은 사물들이 어떻게 지금처럼 존재하고, 또 어떻게 생겨나게 되었는지에 대한 답을 발견했는지도 모른다. 그러나 그것이 전부였다. 그들은 결코 왜 그렇게 있고 왜 그렇게 생겨났는지에 대해 설명한 것은 아니었다. 여기서의 '왜'란 사물들의 현재의 양상과 생성의 이유는 그 사물을 구성하고 있는 물질에 관계되는 것이 아니라 정신 속에 있는 목적에 관계되는 것이었다. 소크라테스는 이것을 아주 오래 전부터, 무세의 작업장에서 아름다움에 대한 이야기를 하던 날부터 알고 있었다. 그러나 그는 이것을 이 순간 이전까지는 진정으로 깨닫지 못했다. 그리고 또 한 가지, 정신 속에 있는 목적이란 우리가 '좋은 것'이라고 여기는 것이었다.

"왜 나는 여기 앉아 있는가?"라고 소크라테스는 자기의 사상을 검토해 보면서 자기 자신에게 질문을 던졌다. "왜 나는 크리톤이나 다른 친구들과 어울려 재미있게 지내지 않고 나의 무지나 그것에 대한 실망으로 인해 고민하고 있는가? 그것은 내 피부와 살 속에 서로 연결되어 있는 뼈와 그것을 싸고 있는 근육들이 나를 앉은 자세로 이끌어 가고 있기 때문인가? 그렇지 않으면 내가 무지하다는 사실을 잊지 않고 있는 것이 나에게 가장 좋은 것이며, 여기 남아서 생각을 계속하여 어떻게 되든 진리를 찾아내는 것이 가장 좋은 것이기 때문일까?" 이러한 물음에 대해 어느 것이 옳은 대답인지는 자명했다.

소크라테스가 당면하고 있는 사실은 눈부신 것이었고 또한 험난한 것이었다. 그는 이 사실을 받아들이기에 앞서 그것을 다시 한번 세밀하게 살펴보았고, 모든 측면을 거듭 반복해서 검토해 보았으며, 그러한 사실이 자신에게 무엇을 하도록 만들 것인가를 생각해 보았다. 그는 이 세상에는 놀라운 일도 많고 멋진 구경거리나 신비한 소리도 많지만 '선'을 아는 것만큼 중요한 일은 있을 수 없다는 사실을 분명히 인식하고 있었다. 사람들이 좋다고 생각한 것은 그들이 한 모든 일의 '왜', 즉 그 이유인 동시에 근거였다.

사람들은 그들이 좋다고 여긴 것을 하게 마련이었다. 어떤 사람이 이웃의 물건을 훔치거나 거짓말을 했다면 그는 그렇게 함으로써 좋은 것을 얻고 싶어 했기 때문인 것이다. 아무도 악이라는 것을 미리 알면서 악을 행하지는 않는다. 그렇다면 무지하다는 것 — 좋은 것이 무엇인지를 알지 못한다는 것 — 은 얼마나 끔찍한 일인가? 아무리 우리의 신체가 건강하고 정신이 우수하다고 할지라도 만일 '선'을 모른다고 한다면 우리의 생활 전체는 그릇된 방향으로 나아가고 말 것이다. 소크라테스는 늘 무지를 증오하고 있었지만 이제는 무지가 지극히 추하다는 것을 어느 때보다도 더욱 절실히 느꼈다.

따라서 그는 아테네라는 이 위대한 도시에서 영리하고 활동적인 국민들이 자기들의 얕은 생각으로 좋다고 여기는 것을, 그러나 좋지 못한 결과를 초래할지도 모르는 것을 아무런 판단의 기준도 없이 맹목적으로 추구해 가고 있는 것을 볼 때 견딜 수 없는 안타까움을 느꼈다. 그들은 결코 참된 것을 알려고 하지 않았다. 아테네 사람들은 깊이 생각해 보지도 않은 채 게으른 태도로 받아들인 사소한 규칙만으로 살아가고 있었다. "전장에서는 절대로 도망치지 말라", "거지에게 돈을 주지 말라", "친구를 사귀어 두라, 그러면 언젠가는 친구가 필요할 때가 있을 것이다", "살아가는 동안 될 수 있는 대로 많은 재미를 보라" 따위가 그들이 곧이곧대로 지키려 드는 규칙이었다. 그러나 매 순간의 행동을 다스리며 노련한 도공이 만드는 주전자처럼 참된 모범을 따라 인생의 모든 일을 해나가게 하는 <선>, 즉 생활의 참된 목표를 찾으려고 애쓰는 자는 누구인가? 소크라테스는 이러한 탐구야말로 자신이 할 일이라는 것을 깨달았다. '선'에 대한 인식은 근육이 뼈를 끌어당기는 것보다 더 강한 견인력을 가지고 있었다. 결국 '선'을 아는 것에 대한 중요성을 깨달은 것이 그의 생애를 지배하게 되었다. 그것은 그가 하는 모든 일을 결정하고 있었던 것이다.

그는 자기가 하려는 일에 매우 곤란한 문제가 가로놓여 있다는 것을 깨달았다. 석공이었던 소크라테스는 자기 자신이 모든 아테네 사람들 가운데 가장 무지한 사람이라고 여겼다. 그는 과학자들의 학설을 잘 이해하지도 못했고 장인들의 여러 가지 기술을 이해하지도 못했다. 그렇지만 그는 몇 가지 이유로 인해 모든 지식들 가운데 가장 깊고 가장 어려운 것을 탐구하는 데로 나아가게 된 것이다. 그는 이 위대한 것을 찾아내기에는 자신의 정신이 너무나도 빈약하다고 생각했다. 과학자들의 학설은 이제 더 이상 도움이 되지 못했다. 그는 이 사실을 분명히 깨달았다. 그들은 자기와는 다른 문제를 연구하고 있었다. 그들이 가장 확실하게 그리고 가장 잘 할 수 있는 것은 다만 눈으로 볼 수 있고 손으로 만져 볼 수 있는 것을 연구하는 일이었다. 그러나 <왜>, 즉 사물들의 이유와 근거를 이해하기 위해서는 새로운 방법을 찾아내야만 했다.

그 방법은 태양과 달이 움직이는 궤도를 관찰한다고 해서 발견될 것이 아니었다. 그래서 소크라테스는 이제 이런 일을 영원히 그만두기로 했다. 또 그 방법은 인간이라는 경이로운 생명체의 구조를 연구해서 알아낼 수 있는 것도 아니었다. 근육이나 뼈로서의 인간은 소크라테스가 추구하는 진리의 대상이 아니었다.

생각하고 추론하며 살아가는, 그리고 선과 악의 문제에 대해 고민하는 자아(自我)로서의 인간, 단순히 근육이나 뼈에 대한 연구로서는 측정해 낼 수 없는 인간이 그의 탐구 대상이었다. 이 <나>라는 인간에게 명명할 적절한 이름조차 없었다. 소크라테스는 여러 가지 다른 뜻이 있는 한 낱말을 빌려 대담하게도 그것을 '영혼'(또는 '마음')이라 불렀다.

제 7 장

아폴론의 신탁

소크라테스는 훗날 아낙사고라스의 책과 관련된 이야기를 할 때 마치 이 모든 일이 짧은 시간 동안에 일어난 것처럼 말했다. 그러나 그 당시의 상황으로는 책 한 권을 읽는 데만도 꽤 긴 시일이 걸렸다. 더욱이 결단을 내리기 위해서는 더욱 긴 시간에 걸쳐 심사숙고해야만 했다. 소크라테스는 자신이 해야 할 참된 일을 깊이 인식하는 방향으로 여러 해 동안 성장해 가지 않으면 안 되었다. 특히 석공의 일을 그만두고 모든 시간을 온전하게 철학 연구에 바치기로 작정하기까지는 오랜 명상과 망설임 그리고 결단이 필요했을 것이다. 그의 목적은 아마 이 시기에 확고하게 뿌리박게 되었을 것이다. 소크라테스의 이러한 면을 플라톤과 같은 그의 친구들은 대단히 좋아했다. 또한 신들이 자기와 함께 있다는 신념도 이때 확고해졌을 것이다. 이 시기 이후로 그의 마음속에는 신들이 자기에게 한 가지 사명을 부여했다는 확신이 가장 견고한 믿음으로 자리 잡게 되었다. 소크라테스 자신의 말에 따르면 현명한 신들은 그에게 지혜를 찾을 것을 명령했다고 한다. 소크라테스는 이를 증명하기 위해 카에레폰의 신탁 이야기를 들려주었다. 카에레폰은 모든 사람들이 알고 있는 것처럼, 소크라테스를 따르기 시작한 열성적인 청년들 중 한 사람이었다. 그에게는 '배트'라는 별명이 붙어 있었는데, 그의 몸이 가늘고 피부가 핏기 없이 창백했기 때문이었다. 이 카에레폰은 대담하게도 소크라테스가 모든 사람들 중 가장 현명한 사람이라고 주장하였다. 뿐만 아니라 이것을 증명하기 위해 그는 신들에게 지지를 호소하였다. 그는 아폴론의 신탁을 알아보기 위해 델포이로 갔다. 아폴론의 신전이 있는 델포이는 아테네의 서북쪽 언덕 위에 있었다. 그곳은 옛날에 아폴론이 신탁을 내리던 곳으로 매우 성스러운 곳이었다. 전해오는 이야기에 의하면, 먼 옛날 이 세계가 생긴 지 얼마 되지 않았을 때 제우스는 지구를 측량하기 위해 독수리 두 마리를 하늘의 양쪽 끝에서 날려 보냈다고 한다. 그 두 마리 독수리는 델포이에서 서로 만났고, 그리하여 이곳이 지구의 중심이 되었다는 것이다. 그것을 표시하기 위해 놓은 돌은 지금도 거기에 남아 있다. 그 후 '대지의 용'이라고 일컬어지는 이상한 괴물이 이 산골짜기에 자주 나타났는데, 아폴론은 은으로 만든 활로 이 용을 쏘아 죽였다. 그리고 용이 살던 구덩이가 있던 곳에 무녀(巫女)를 거주하게 하고, 그 무녀가 앉아서 신탁을 내릴 수 있도록, 신성한 세발솥을 만들어 주었다. 그리하여 그리스 방방곡곡의 사람들이 그 무녀에게로 와서 여러 가지 궁금한 것을 묻게 되었다. 아폴론은 진실을 말하는 신으로 과거, 현재, 미래를 다 잘 알고 있었기 때문이었다. 그 무녀가 내린 신탁은 무엇이든지 확실하게 진실이 되었다. 사람들은 델포이의 아폴론에게 온갖 것을 다 물어 보았다. 도시 국가들은 사절을 보내어 어떻게 하면 전염병을 막을 수 있는지, 어디에 식민지를 세우면 좋을지 물었다. 권세 있는 사람들은 자신의 가문을 이어갈 수 있는 아들을 가질 수 있는지 물었다. 옛날에는 그리스의 도시 국가뿐만 아니라 먼 동방의 왕들까지도 전쟁을 할 것인가 말 것인가 또는 누구를 동맹자로 택해야 할 것인가 물었다. 물론 신탁이 항상 맞는 것은 아니었다. 이것은 기록, 특히 사제(司祭)들이 수정하거나 설명을 가하기 이전의 기록을 보면 잘 알 수 있다. 하지만 맞는 경우도 꽤 많았다. 거의 모든 그리스 사람들은 신을 섬기고 있는 한 그 신탁 또한 믿었다. 소크라테스 역시 노년에 이르러서도, 젊은 친구가 위험한 전쟁에 나가게 되면 먼저 델포이의 신탁을 들어 볼 것을 권했다. 페리클레스의 친구로 장군이요, 외교관이며, 그리스 동맹의 재정 담당자인 동시에 뛰어난 시인이었던 소포클레스도 여러 희곡에서 아폴론의 신탁은 반드시 맞는 것을 보여주었다. 아폴론의 신탁을 의심한다는 것은 사악한 일이었다. 카에레폰 역시 자기의 문제를 물어 보기 위해 델포이로 갔다. 그는 다른 순례자들과 함께 코린트에서 배를 타기도 하고, 보에오티아에서 험한 산길을 돌아 델포이까지 갔다. 그는 어릴 적부터 신탁에 관한 이야기를 듣고 믿어 온 청년이었다. 마침내 산의 언덕배기에 이르러 생전 처음으로 그 거룩한 장소를 보게 되었을 때 경이로움으로 숨이 막혀 왔다. 델포이 신전은 벌거숭이산의 꼭대기의 움푹 들어간 곳에 단을 쌓아 올려 만든 것이었다. 그곳은 순례자들의 음성이 메아리쳐 들리고, 대리석과 구리와 황금으로 빛나고 있어서 아폴론의 위엄을 느끼기에 안성맞춤이었다. 며칠을 기다린 후에야 카에레폰은 신전 안으로 들어갈 수 있었다. 모든 순례자들은 자기 차례가 되어야만 신 앞에 나아갈 수 있었다. 또 신에게 할 질문은 미리 여러 날 전에 사제에게 제출해야만 했다. 마침내 카에레폰의 차례가 되었다. 그는 준비해 온 제물을 드리고, 대리석 열주(列柱)를 지나 지구의 중심을 표시하는 거룩한 돌과 아폴론의 신성한 세발솥이 나란히 놓여 있는 어두컴컴한 성소 안으로 들어갔다. 그가 질문을 하자 무녀는 아무 뜻도 없는 듯한 말을 몇 마디 외쳤다.

그러나 그것이 그의 질문에 대한 대답이었다. 아폴론은 그녀를 통해 말하고 있었으나 그 말은 오직 사제들만이 이해할 수 있는 것이었다. 이윽고 카에레폰이 햇빛이 내리쬐는 바깥으로 나온 그의 손에는 사제들이 쓴 답이 쥐어져 있었다.

"아테네의 소크라테스보다 더 현명한 자가 있는가?"

라고 그는 물었던 것이다.

"그보다 더 현명한 사람은 아무도 없다."

이것이 아폴론의 대답이었다. 그 대답은 흔히 그런 것처럼 수수께끼 같은 것이 아니라 아주 분명했다. 그는 이 소식을 전하기 위해 급히 아테네로 돌아왔다. 아테네로 돌아온 카에레폰이 아폴론의 신탁을 사람들에게 전하자, 그 말을 들은 사람들은 제각기 한 마디씩 했다. 경건한 사람일수록 신의 말씀을 경솔하게 받아들여서는 안 된다고 말하는 것이었다. 그리고 그들 대부분은 그전처럼 소크라테스와 이야기를 나누는 것을 조심스럽게 피했다. 의심이 많은 사람들은 신탁이 반드시 맞는 것은 아니라는 사실을 지적했다. 페르시아와의 전쟁이 진행되고 있는 동안에도 여러 가지 흉한 예언이 많이 있었지만 제대로 맞지 않아

나중에 사제들은 그것에 관해 이런저런 변명을 해야만 했던 일이 있었던 것이다. 그때만 해도 스파르타 사람들은 델포이의 은총을 너무 과하게 받고 있는 것처럼 느껴졌었다. 결국 무녀나 사제들도 사람인지라 뇌물을 받을 수도 있는 것이었다. 소크라테스 자신은 거의 아무 말도 하지 않았다. 그는 자기 개인이 사람들로부터 주목을 받는 것은 아폴론이 결코 원하는 바가 아니라고 생각했다. 사람들이 이 일에 관해 생각을 물었을 때 그는 이렇게 대답했다.

"신은 내 이름을 하나의 본보기로 사용한 것이 틀림없습니다. 그 신탁이 분명하게 의미하는 것은 어느 누구라도 자신의 무지를 알 때에는 지혜롭고 현명하다는 것입니다."

소크라테스는 그 신탁이 자신의 이름을 오직 하나의 예를 보여 주기 위해 사용한 것이라고 말했다. 어쨌든 그 신탁은 그의 이름을 사용했으며, 그는 그 속에 자신에게 주어진 신의 계시가 있다고 느꼈다. 그는 소년 시절에 그에게 주어진 '신의 계시'를 찾아야만 했던 것처럼 자만심이나 맹신에 빠지는 일이 없이 신의 계시를 해석했다. 그는 이 계시를 신들에게 순종하는 행동을 하라는 뜻으로 받아들였다. 비록 그 자신이 스스로 공중 앞에서 묻지도 않았건만, 아테네의 모든 사람들이 듣는 가운데 주어진 신의 이 대답을 그는 자신에게 주어진 공공의 의무에 대한 증거로 여겼다. 신들은 소크라테스를 그의 탐구를 위해 존재하게 하였으나 그 탐구는 그만의 것이 아님을 일러 주었던 것이다. 아폴론의 신탁 이후로 그는 자신이 신들과 가까이 지내고 있다는 느낌이 들었다. 이러한 느낌은 이때 생긴 두 번째로 이상한 사건을 잘 설명해 주고 있다.

 그 무렵 소크라테스는 다시 군대에 입대해 북쪽 포티다에아 공략에 참가하고 있었다. 그의 중년기에는 이러한 전쟁이 상당히 많았다. 그와 함께 종군한 사람들의 말에 의하면, 그는 추위나 배고픔 또는 긴 행군을 힘들어하거나 불평한 적이 한 번도 없는 훌륭한 군인이었다. 장군들까지도 그를 매우 용감한 군인으로 주목했을 정도였다. 다른 사람들이 방 안에서 양모로 짠 천이나 양털로 발을 감싸고 있을 때 소크라테스는 겨울이나 여름이나 한결같이 늘 입고 있던 겉옷 차림에 맨발로 걸어 다녔다. 바로 이번 전쟁에서도 그는 부상당한 친구를 보호하기 위해 목숨을 걸고 부대의 맨 앞줄을 지키고 있었다. 부상을 당한 사람은 알키비아데스라는 친구였는데 그는 앞으로 소크라테스의 생애에서 대단히 중요한 자리를 차지하게 될 사람이었다. 그러나 이 사람에 대한 이야기는 다음으로 미루기로 하자. 이 전쟁 동안에 있었던 이상한 경험은 행군이나 전투 심지어는 친구들과도 아무 관련이 없는 일이었다. 그것은 소크라테스와 그 자신의 정신 사이에서만 일어난 일이었다. 어느 여름 날 아침, 그는 군영 안에 있었다. 몸을 따뜻하게 하고 기름진 음식을 먹어 건강을 유지하느라고 분주했던 겨울은 지나갔다. 다행히도 적군의 동태는 조용하였다. 보초를 서는 일 외에는 달리 할 일이 없어 모두들 잠을 자거나 둘러앉아 고국 이야기를 하거나 노름을 하며 시간을 보내고 있었다. 소크라테스는 이날따라 이야기하는 사람들 틈에 끼지 않았다. 그에게 무슨 일이 생기지나 않았나 하고 걱정하는 사람도 혹시 있었을지 모르지만 정오가 될 때까지는 모두들 특별히 주의를 기울이지는 않았다. 정오쯤이 되자 병사들은 수군대기 시작했고 호기심을 가진 병사들이 하나 둘 소크라테스의 천막 주변으로 모여들었다. 소문에 의하면 소크라테스는 새벽부터 줄곧 그곳에 서 있었던 것이다. 그의 맨발은 땅에 붙은 것처럼 대지를 꽉 딛고 서 있었고 겉옷은 어깨위에 차분히 걸쳐져 있었다. 못생긴 얼굴은 무엇엔가 넋을 잃은 듯 깊은 생각에 잠겨 조용한 표정으로 굳어져 있었다. 병사들은 그의 주의를 끌려고 여러 가지 장난을 쳤다. 그들은 옷을 잡아당기기도 하고 큰 소리로 이름을 부르기도 했으나 그는 움직이지도 관심을 보이지도 않았다. 한참이 지나자 무슨 일이 일어날까 하고 기다리던 주변의 병사들이 먼저 지치고 말았다. 그들 대부분은 자리를 떴으나 몇 사람은 그날 오후 내내 그곳에 앉아서 소크라테스를 지켜보며 깨어나기를 기다리고 있었다. 그 즈음에는 대부분의 아테네 사람들이 소크라테스를 알고 있었다. 그들은 전에도 이따금씩 그가 생각에 몰두해 있는 것을 보았을 테지만 이렇게 깊이, 이렇게 오랫동안 명상에 잠겨 있는 모습을 보지는 못했을 것이다. 생각에 깊이 오랫동안 몰입하는 버릇은 그들이 흔히 보아 알고 있던 그의 이상한 습관 중의 하나였다. 그러나 그리스의 다른 섬에서 군대에 입대한 사람들은 이러한 그의 모습에 큰 흥미를 느꼈다. 저녁을 먹은 다음 그들 중 몇 사람은 침구를 가져다 그가 서 있는 곳 가까이에 놓고 거기서 밤을 새웠다. 밤은 평화스러웠다. 별들이 나타나 그 빛을 밝히며 하늘에 원을 그리듯 천천히 돌고 있었고, 군인들의 막사에서 나던 떠들썩한 소리도 차츰 잠잠해져 갔다. 소크라테스를 바라보던 사람들에게는 그가 하늘의 별과 그들 사이에서 우뚝 서 있는 하나의 거무스레한 물체처럼, 즉 마치 나무 그루터기나 바위처럼 느껴졌다. 서서히 그들의 눈꺼풀은 무거워져 갔고 마침내는 완전히 내려앉고 말았다. 그들은 잠이 들었다. 소크라테스는 이슬이 내리고 아침이 올 때까지 밤새도록 그 자리에 서서 생각에 잠겨 있었다.

 해가 떠오르자 비로소 그의 몸이 움직이기 시작했다. 이미 잠이 깨어 그 자리에서 그를 지켜보고 있던 몇몇 사람들은 그가 동쪽으로 천천히 몸을 돌리는 것을 보았다. 그는 손을 들어 태양을 향해 기도를 올렸다. 그리고는 그 자리를 떠나 평상시와 똑같은 태도로 그날을 보냈다. 소크라테스는 무엇을 생각하고 있었던 것일까? 여기에 대해서는 그가 아무 말도 하지 않았기 때문에 어느 누구도 알지 못한다. 그러나 미루어 짐작하건대 그는 사명에 대해 생각하고 있었던 것이 아닐까? 오랜 세월이 흐른 뒤에 그가 자기의 생애에 관한 이야기를 했을 때, 신들이 그에게 사명을 내린 것을 명령을 받은 병사에 비유한 적이 있었다. 아마 그가 군대에 있는 동안, 아니 어쩌면 이 날 밤에 조용히 생각하고 있는 동안, 그는 신들이 자신에게 부여한 사명에 대한 확신을 얻게 된 것이 아닐까? 또한 그는 이때 신들과 특별히 친밀해졌음을 느끼게 되어 정신이 들자마자 자연스럽게 기도를 올렸던 것이 아닐까? 일반적으로 아테네 사람들은 태양을 향해 기도를 드리거나 제물을 바치지는 않았다. 소크라테스 또한 이러한 일을 하지 않았다. 그러나 그는 무지의 어둠을 증오했기 때문에 밝음, 즉 '선'을 명확히 이해하는 것을 좋아했던 것이다. 그리고 플라톤 — 이때에는 아직 태어나지도 않았지만 훗날 소크라테스의 다른 어느 친구보다도 그를 잘 알게 되었다 — 도 소크라테스가 좋아하고 추구하던 '선'의 이데아를 묘사하면서 태양의 비유를 가장 즐겨 사용했다. 이러한 플라톤의 비유는 결국 소크라테스에 관하여 우리가 짐작하는 것 이상의 것을 알려 주고 있다. 플라톤은 지하 동굴 속에서 살고 있는 수인(囚人)들을 상상해 보라고 했다. 그들은 아주 어릴 적부터 어둠 속에서 사슬에 묶인 채 살고 있다. 그들이 알고 있는 빛이라고는 주위의 벽에 어른거리는 그림자를 만드는 횃불의 빛밖에는 없다. 날마다 그들은 하루 종일 그 그림자들을 지켜보면서 그것들이 어떻게 움직이며 어떻게 보이는가를 주의 깊게 관찰하면서 세월을 보내고 있다. 그 그림자들의 움직임을 가장 재치 있게 판단하고 그에 따라 길흉을 짐작하는 자가 그들 가운데서는 가장 훌륭한 사람으로 존경을 받고 있다. 그런데 그들 가운데 한 사람이 어쩌다가 자유롭게 되어 햇빛이 비치는 동굴 밖으로 기어 나오게 되었다고 가정해보자. 그는 갑자기 밝은 빛을 접하게 되면서 무척이나 눈이 부실 것이다. 처음에는 사물이 동굴 속에서보다 더 어둡게 보일 것이다. 또한 밝은 곳에서 보는 주위의 현실의 사물들보다 자신이 늘 보아 오던 동굴 속의 그림자가 더 현실적으로 보이기도 할 것이다. 그러나 차츰 그의 눈이 태양의 빛에 익숙해짐에 따라, 그는 자기 주위를 살펴볼 수 있게 될 것이다. 그는 물속에 비쳐지는 사람들의 그림자로부터 시선을 돌려 사람들의 실제의 모습을 보고, 다시 달과 별을 보며, 마지막으로는 생명과 빛을 주는 태양을 바라보게 될 것이다. 이제 그는 빛을 두려워하는 것이 아니라 오히려 그것을 사랑하게 될 것이다. 동굴 속에서의 갑갑하고 무지한 생활은 그에게는 더 이상 좋아 보이지 않는다. 이렇게 풀려 나와 자유로운 몸이 된 사람이 다시 그 동굴 속으로 내려가 수인들과 함께 살게 된다면 무슨 일이 일어날 것인가? 그의 눈은 아직 빛으로 가득 차 있을 것이다. 그는 동굴 벽에 어른거리는 그림자를 잘 판단하지 못할 것이요, 그러한 그를 동굴 속의 수인들은 조소할 것이다. 그들은 이 사람이 위로 올라가기 전에는 그림자를 볼 수 있더니만 밖으로 나갔다가 눈이 멀어 돌아 왔다고 말할 것이다. 따라서 그들은 동굴 밖으로 나가지 않는 것이 더 낫다고 주장할 것이 분명하다. 그들은 규율을 정해 더 낫다고 사슬을 풀어 빛있는 데로 인도하려는 자는 누구를 막론하고 사형에 처할 것이다. 이미 태양을 본 사람의 경우 그가 법정이나 그 밖의 다른 상황에서 자신을 변호하려 한다면, 동굴 속의 사람들에게는 이상하게 보일 행동을 하게 될 것이며 그들의 비웃음을 면치 못하게 될 것이다. 왜냐하면 그는 빛으로 가득 찬 자신의 눈으로 단지 어두운 그림자만을 알고 있는 수인들을 상대하고 있기 때문이다.

 플라톤은 이러한 태양과 동굴의 비유를 들면서 소크라테스가 태양을 본 사람이라고 분명하게 쓰지는 않았다. 소크라테스 역시 "자신은 '선'에 관한 참된 지식을 찾고 있노라"고 말했을 뿐, "그것을 발견했노라"고는 말하지 않았다. 우리가 확실하게 알 수 있는 것은 단지 소크라테스의 친구들 — 카에레폰과 플라톤 그리고 그 밖의 많은 사람들 — 이 소크라테스야말로 그들이 알고 있는 다른 어느 누구보다도 동굴의 어둠으로부터 자유로우며, 어느 누구보다도 다른 사람들을 더 자유롭게 할 수 있다고 생각했다는 사실이다. 아마 그가 오랫동안 생각에 잠긴 채 서 있었던 그 하루 낮과 밤이야말로 그 태양을, 즉 신들과 매우 가까운 '선'의 태양을 가장 분명하게 본 때가 아닌가 싶다.

 그 후 얼마 지나지 않아 북쪽에서 있었던 이 전쟁은 끝났다. 다시 돌아온 소크라테스는 여러 해 동안 자신이 생각하고 있던 식으로 삶의 방향을 전환한 것으로 보인다. 그는 석공 일을 그만두었다. 물론 그의 젊은 아내 크산티페는 이런 소크라테스의 결정에 대해 크게 걱정하였고 이웃 사람에게도 근심을 늘어놓았다. 그렇다고 해서 생활 형편이 극도로 어려운 것은 아니었다. 그녀가 시집올 때 가지고 온 지참금도 어느 정도 있었고, 그의 부모도 집과 그리 많지는 않지만 어느 정도의 돈을 남겨 주었다. 소크라테스는 이것을 크리톤에게 맡겨 투자하게 하고 그 수입으로 검소하게나마 생활을 꾸려나갈 수는 있는 형편이었다. 그러나 크산티페는 남편이 다른 사람들처럼 태어나면서부터 지각이 있었더라면 얼마나 더 안락하고 풍요롭게 살아갈 수 있었을까 하는 미련을 버리지 못했다. 크산티페보다 더 오래 전부터 소크라테스를 알고 있던 크리톤은 이와는 다른 어떤 것을 그에게서 발견하고는 한참 동안이나 골똘히 생각했다. 소크라테스는 어떤 시합을 위해 혼자서 훈련하고 있음에 틀림없었다. 이에 대해서는 의심의 여지가 없었다. 크리톤 자신이 운동 선수였기 때문에 표면적으로 나타나는 여러 가지 표시를 잘 알아볼 수가 있었다. 소크라테스는 먹고 마시고 자는 것을 절제하는 훈련을 하고 있었다. 달리기 선수가 자기의 생활을 잘 조절하여 먹고 마시고 잠자는 일이 잘 달리는 데 지장이 없도록 하는 것처럼 소크라테스도 음식을 조심하며 생활을 규모 있게 해나갔다. 그는 음식을 많이 먹은 후에 오는 미련스런 잠과 술을 많이 마심으로써 오는 어리석은 흥분을 경계하였다. 하지만 그 시합이란 분명히 일반적인 종류의 것은 아니었다. 오후가 되면 늘 소크라테스가 체육관에 와 있는 것을 볼 수 있었지만 그는 달리기나 씨름을 하는 것이 아니라 대화만을 나누고 있었다. 그는 이야기하기를 좋아했다. 그런데 지금의 그는 다른 사람들이 자신의 생업에 종사하는 것처럼 열심히 이야기하는 일에 종사하고 있는 것이었다. 그는 해뜰 무렵 집을 나서서 시장이나 체육관에서 이야기하는 것으로 하루해를 보내는 것이었다. 이 모든 것은 무엇을 의미하는가? 크리톤은 한 가지 사실에 주목하고는 기쁨을 금치 못했다. 이제 소크라테스가 무슨 일을 하려 하든, 그것은 그에게 아무런 해도 끼치지 않는다는 사실이었다. 그는 그 전과 마찬가지로 농담을 곧잘 받아넘겼다. 그는 자만에 빠지지 않게 되었다. 그가 과학을 연구하던 시절에는 간혹 이런 위험에 빠질

우려도 없지 않았으나 이제는 그런 위험에서 완전히 벗어나 있었다. 그는 이전의 어느 때보다도 친구들에게 진실했고 또 좋은 벗이 되어 주었다. 예전에는 때때로 갑작스레 화를 내기도 했지만 이제는 자기를 주체하지 못하여 불쑥 화를 내는 일도 거의 없었다. 그 전에는 매우 불안해하며 안절부절 못하기도 했으나 그런 일도 거의 없어졌다. 크리톤에게는 어떤 때에는 소크라테스의 주변에 이상한 평화가 감돌고 있다는 느낌이 들기도 했다. 마치 모든 아테네 사람들 가운데 오직 그만이 자기가 어디로 가고 있는지 알고 있으며, 언제든 떠날 채비가 다 되어 있는 것 같다는 느낌을 주는 것이었다.

제 8 장

사 명

이리하여 소크라테스는 인생의 중반 한 시기에 자신이 여생을 바쳐 수행할 사명을 발견했다. 그리고 그는 이 사명에 매진하기 시작했다. 이 사명이 무엇인가에 대해 그는 여러 가지로 설명했다. 그는 신이 자기에게 준 계시를 실천하기 위해 자리를 지켜야 하는 신들의 병사였고, 아테네를 무지에서 깨어나게 하기 위해 신들이 보낸 성가신 등에였으며, 아이들이 이 세상에 태어날 수 있도록 도와주는 것처럼 다른 사람의 사상의 탄생을 도와주는 의사였다. 그는 사람들에게 스스로 그들의 생활 태도를 설명하게 하고는 그것을 검토하고 숙고하였다. 이를 가리켜 그는 '철학하는 것'이라 했는데, 이것은 그에게 '지혜를 사랑하는 일을 실제로 하는 것'이었다. 처음에 그가 자기의 탐구에 대해서 어떻게 생각했든 이제 그의 일은 분명히 한 개인의 일이 아니라 다른 사람을 위하여 수행해야 하는 공적인 사업이 되었다. 그가 추구하던 진정한 '선'에 대한 이해는 언제나 그의 손이 닿지 않는 먼 곳에 있었다. 그러나 그는 그것이 있다는 것, 그리고 모든 생활이 그것을 지향해야 함을 깨닫고 있었다. 반면, 그가 사랑한 아테네의 시민들은 그가 깨달은 것, 즉 '선'에 대해서 그저 눈이 어둡기만 하였다. 그들은 동굴 속의 수인들과 마찬가지로 눈이 먼 데 만족하여 지내며 자기들이 보는 것이 보통 사람이면 누구나가 보는 것으로 생각하고 있었다. 플라톤의 동굴의 비유를 자세히 살펴보면 소크라테스가 자기의 도시에서 유행하고 있던 어리석고, 그림자만 찾아다니는 생활에 대해 어떻게 느꼈으며 또 신들이 이 나라에서 무엇이 행해지기를 원했는가에 대해 그가 생각한 바를 좀더 쉽게 이해할 수 있을 것이다.

 아테네는 그림자를 좇는 도시였다. 그러나 아테네는 또한 놀라운 도시요, 용감하고 자유로우며, 훌륭한 도시이기도 했다. 소크라테스는 아테네를 사랑하였다. 그는 공휴일에도 결코 아테네를 떠날 생각조차 하지 않았다. 그는 날마다 자기의 도시에서 행해지고 있던 모든 일에 대해 다른 모든 사람들보다 잘 알고 있었다. 장인들은 아무도 보지 않는 가운데서도 정직하게 일하였다. 친구들 사이에는 서로 신의가 있었으며 사업가들은 한 번 약속한 것은 반드시 지켰다. 의회에서는 시민들이 자기가 옳다고 생각하는 바를 자유롭게 이야기하였다. 소크라테스에게 고통을 안겨다 준 것은 바로 이 도시의 선함이었다. 즉 이 모든 좋은 것이 늘 있는 것이 아니라 어쩌다가 생기게 되는 것이요, 더군다나 어떤 명확한 이해에서 생기는 것은 더욱 아니라는 점이었다. 사람들은 단순히 생각 없이 비틀거리다가 우연히 선에 이르게 된 것이지 자기들이 하고 있는 바를 분명하게 알고 있으면서 선에 이르게 된 것이 아니었다. 따라서 선을 알지 못하는 그들은 마찬가지로 다음 순간 비틀거리다가 우연히 악에 빠질 수도 있는 것이었다. 그러나 무엇보다도 안타까운 것은 그들이 우연히 어떤 선을 가지게 되었든 간에 그것을 자손에게 물려 줄 수 없다는 점이었다. 예를 들어, 페리클레스의 자녀들만 보더라도, 보통 사람들보다 못했으면 못했지, 결코 더 나을 것이 없었다. 페리클레스는 자기 자녀들에게 전혀 마음을 쓰지 못했거나, 자기를 위대한 사람으로 만든 여러 가지 좋은 성질을 그들에게 어떻게 가르쳐야 할지 그 방법을 알지 못했던 것이다. 소크라테스는 직업적 교사들 역시 별로 나을 바가 없다는 사실을 꿰뚫어 보았다. 교사들이 가지고 있는 것이라고는 지식과 재치 있게 변론하는 훈련을 쌓은 것뿐, 그들이라고 해서 보통 사람들이 가지고 있지 않은 어떤 특별한 것을 가진 것은 아니었다. 그들 가운데 가장 인기 있었던 사람들은 '소피스트', 즉 '현명한 사상가'들이었는데 이들은 훌륭하고 성공적인 생활의 기술을 가르친다고 떠들어댔다. 그러나 그들 역시 그들이 가르치는 것을 진정으로 알고 있는 것은 아니었다. 소크라테스는 짧은 기간 동안이었지만 약간의 수업료를 내고 소피스트들 가운데 한 사람에게서 강의를 들은 적이 있었다. 그리고 거의 모든 소피스트와도 대화를 나누어 보았다. 그런 다음 그는 그들에게서 배울 것은 아무 것도 없다고 단정했다. 그것은 과학자들의 가르침을 더 이상 받을 필요가 없다는 예전의 판단과 같은 것이었다. 선의 전문가란 선을 가르치는 사람이 아니라 선을 몸소 실천하는 사람이라고 확신했던 것이다. 그리하여 소크라테스는 어디를 가나 전문가를 찾았다. 그는 갖가지 형태의 선 하나하나에 대해 그것을 가장 많이 알고 있을 것이라고 여겨지는 사람들을 찾아가서 대화를 나누어 보았다. 이렇게 하는 것은 소크라테스나 대화의 상대자 모두에게 유익한 일이었다. 소크라테스에게는 보다 명확한 이

해를 목적으로 하는 탐구에 유익하였고, 또 대화 상대인 전문가들에게도 결국 이익을 주는 것이었다. 소크라테스만큼 질문하기를 좋아한 사람은 없었다. 그리고 그가 질문하는 것을 보는 것은 무척 재미있는 일이었다.

한 예로 라케스와 나눈 대화를 살펴보자. 플라톤이 기록한 담론은 그 어느 것이나 주의 깊게 읽을 만한 가치가 있지만, 라케스와의 담론은 소크라테스의 담론 전체를 이해하기 위한 첫 단계로 읽기에 적합한 것이었다. 라케스는 그다지 재치 있는 사람은 아니었다. 그는 누구나가 어느 정도는 알고 있는 종류의 선 즉 용기에 관하여 소크라테스와 이야기를 나누었다. 언제나 그렇듯이 소크라테스는 질문하기에 합당한 사람을 골랐다. 라케스는 널리 알려진 아테네의 장군이었는데 여느 정치가와는 달리 전쟁을 직업으로 삼는 군인이었다. 그가 무엇이든 조금이나마 아는 것이 있다면, 그것은 전투에 관한 것이었다. 그런데 어느 날, 그와 그의 친구 니키아스에게 친구 몇 명이 자기 아들들의 군대 훈련에 관한 조언을 부탁해 왔다. 이에 그들은 소크라테스에게 도움을 청한 것이었다. 이 두 장군은 친구들과 함께 아들들을 데리고 체육관으로 가서 시범을 구경했다. 무장을 하고 싸우는 법을 가르치는 선생들이 멋들어진 시범을 보이며 그들을 제자로 맞을 수 있기를 은근히 기대했다. 라케스와 니키아스는 한동안 그것을 지켜보다가 이런 훈련이 실전에 도움이 될 것인지 아닌지에 대해 토론하기 시작하였다. 니키아스는 유용할 것이라고 생각했다. 반면 라케스는 그다지 확신을 가질 수가 없었다.
 그는 이렇게 말했다.
 "시범을 보니 이 선생이 얼마 전과는 달리 썩 잘하는 것 같군. 그는 전에 내 휘하에 있었는데 한 번은 자기가 새로 고안한 큰 낫 모양으로 구부러진 창을 가지고 배에 올라탔었지. 그 창은 대단한 역할을 해낼 것처럼 보였다네. 그런데 말일세. 길게 이야기할 것도 없지. 우리 배가 적선과 싸우며 지나갈 때 그의 그 큰 낫 모양의 창이 적선의 밧줄이 엉클어진 데 걸렸었다네. 그는 창을 잡아 당겼지만 떼어낼 수가 없었네. 배가 달리니까 창 자루를 놓치지 않기 위해서는 갑판을 따라 뛰어야만 했네. 그때 누군가가 그에게 돌을 던졌는데 그 돌이 그의 발에 맞았네. 그는 창에서 손을 떼고 달아났지. 그러자 모두들, 심지어 적군의 선원들까지도 웃고 야단이었네. 엉클어진 밧줄에 그 커다란 창이 덩그러니 걸려 있는 것은 참 가관이었네. 자네도 보았어야 하는 건데."
 라케스는 한바탕 웃고 나서 기억을 더듬어 가며 이야기를 계속해 나갔다.
 "그러나 본론을 말하자면 나는 기계나 새로운 고안물을 만들어 내는 이 선생의 재주가 크게 쓸모 있는 것일까 하는 점에 대해 다소 미심쩍은 기분이네. 자네는 어떻게 생각하나, 소크라테스? 니키아스는 그렇다고 하고 나는 그렇지 않다고 하네. 자네가 던지는 표로 결판이 날 걸세."
 소크라테스는 옳고 그른 것에 대한 판단이 사람의 수에 의해 결정된다는 생각을 결코 좋아하지 않았다. 그는 자신의 생각을 말했다.

"친구의 아들을 교육하는 것과 같은 중대한 일을 맡는다고 할 때 전문가를 찾아내어 충고를 듣는 것이 현명한 태도라고 생각되지 않나?"

이 말은 이치에 맞는 것 같았다.

"그렇다면 우리가 찾아야 하는 전문가는 무엇에 대한 전문가여야 하겠는가?"라고 소크라테스가 물었다.

"우리는 방금 무장을 하고 싸우는 일에 관해서 이야기를 하고 있었던 게 아닌가? 청년들이 그것을 배워야 할 것인지 아니면 배우지 않아도 좋을 것인지에 대해서 말이네."

니키아스가 현명한 체하며 대답했다.

"그렇지, 니키아스. 그런데 그보다 먼저 해결해야 할 문제가 또 하나 있지 않겠나? 예를 들면 어떤 사람이 자기 눈에 바르는 약에 대해서 말할 때 그가 정말 관심을 가지고 있는 것은 무엇인가? 약인가, 그렇지 않으면 눈인가?"

"물론 눈이지."

"마찬가지로 어떤 사람이 말에 씌우는 굴레에 대해 생각할 때 그 사람이 진정으로 염려하는 것은 굴레가 아니라 분명히 말이겠지?"

"그렇지."

"니키아스, 그렇다면, 무장을 하고 싸우는 법을 배운다는 것은 약이나 굴레와 똑같은 것일세. 그것이 어떤 목적을 위한 수단에 불과할 뿐이라는 것을 자네는 왜 보지 못하는가? 우리가 여러 가지 다른 종류의 지식에 관해서 말할 때 진정으로 염려해야 할 대상은 바로 청년들일세. 이런 훈련을 하는 것도 궁극적으로는 이 청년의 자아, 즉 그의 영혼을 위한 거야. 의사는 눈에 좋은 것이 어떤 것인지 알고 있고, 말(馬)을 훈련시키는 사람은 말에게 좋은 것이 어떤 것인지 알고 있다네. 그러나 우리 가운데 누가 마음이나 그 영혼을 위해 좋은 것이 무엇인지를 알고 있는가? 이것이야말로 중대한 문제가 아니겠나?"

니키아스는 크게 웃음을 터뜨리며 자기는 이 말이 언제나 나올까 기다리고 있었다고 말했다. 그는 전에도 소크라테스와 대화를 나누어 보았기 때문에 소크라테스가 전개해 나가리라고 짐작되는 이야기에 대해 차근차근 검토해 보고 싶었다.

"그런데 자네는 어떤가, 라케스? 조심하게."

라케스는 상대방이 단순한 이야기꾼이 아니며, 또한 실천가라는 것을 확신하기 전에는 이야기하기를 좋아하지 않는다고 말했다.

"그러나 델리온의 전투에서 패한 후 나는 소크라테스와 함께 후퇴했었네. 만약 모든 사람들이 소크라테스처럼 행동했다면 우리는 승리할 수 있었을 것일세. 소크라테스 같은 사람이 하는 질문이라면 나는 언제든지 기꺼이 응하겠네."

결국 라케스는 첫 질문을 받았다.

"선 전체를 다룬다는 것은 너무 거창한 일일세. 그러나 그 중 한 부분, 즉 군사 훈련에서 중요한 것 정도는 우리가 다룰 수 있겠지. 용기란 무엇이라고 생각하나, 라케스?"
 소크라테스가 물었다.
 라케스의 표정이 밝아졌다. 그는 용기에 관해서 알고 있었던 것이다.
 "그건 쉽다네, 소크라테스. 용기 있는 사람은 자기 자리를 지키며 결코 도망가지 않지."
 "글쎄."
 소크라테스는 다시 말을 이었다.
 "보병의 관점에서는 그것이 용기에 대한 좋은 정의겠지. 그러나 항상 이동하고 있는 기병의 경우라면 어떤가? 스키타이 사람들은 도망을 치다가 뒤를 돌아보며 활을 쏘는 작전을 곧잘 구사하는 것으로 알고 있네만. 또 바다에서 폭풍우를 만났거나, 병들었을 때, 가난할 때, 정치 활동을 할 때, 과연 어떤 것이 용기일까? 어떤 사람들은 고통을 당할 때에는 썩 용감하지만 쾌락의 유혹을 받을 때에는 형편없기도 하지. 그렇다면 일반적으로 말해서 용기란 어떤 것인가, 라케스?"
 라케스는 다시 용기에 대한 정의를 이렇게 내렸다.
 "용기란 영혼이 참고 견디는 것이라고 생각되는군."
 소크라테스의 생각에 이 정의는 너무 많은 뜻을 담고 있는 것 같았다.
 "용기란 어디까지나 하나의 덕이요, 하나의 선이라 할 수 있지 않을까? 고지식하게 그저 참고 견디기만 한다고 그걸 용기라고 할 수는 없을 걸세. 그렇지 않은가?"

라케스는 이에 대해서는 미처 생각하지 못하고 있었다.
"내 말은 오직 지혜롭게 잘 참고 견딘다는 뜻이었네."
"그럼 지혜롭게 참고 견딘다는 것은 무슨 뜻인가?"
소크라테스는 몇 가지 예를 들면서 다시 물었다.
"전쟁에서 잘 참고 견디며 싸울 의욕도 있고, 또 자기의 형편을 현명하게 헤아리되 다른 사람들이 자기를 도와주리라는 것과 자기는 자기편보다 수도 적고 힘도 약한 사람들과 싸우고 있다는 것, 또한 자기의 자세가 상대편보다 더 유리하다는 것을 알고 있는 사람은 어떤가? 이 정도의 지혜와 준비를 가지고 잘 참고 견디는 사람이 그보다 못한 상황에서도 꿋꿋하게 싸우려는 의지를 가진 상대편 사람보다도 용감하다고 자네는 말할 셈인가?"
라케스는 위험을 무릅쓰고 싸우려는 병사가 상대방보다 더 용감한 병사라는 데 대해서는 조금도 의심을 품지 않았다.
"그러면 수영할 줄 모르면서도 물 속으로 뛰어드는 사람이 훈련을 잘 받은 잠수부보다 비록 더 어리석기는 하지만 더 용감하다고 할 수 있겠지?"
라케스는 그렇다고 대답했다. 그러나 이 동의는 용기에는 지혜가 필요하다고 한 조금 전의 그의 말과는 모순되는 것이었다. 그러나 이제 그는 이야기를 해나가는 데 점점 더 흥미를 느끼게 되었다. 분명히 용기란 그가 지금까지 생각해 왔던 것보다 더 큰 그 무엇이었다. "나는 아직은 내가 용기가 무엇인지 알고 있다고 생각하네. 그러나 그것이 내게서 빠져나간 것 같기도 하네.

나는 그것을 잘 파악할 수가 없게 되었네."

 이때 니키아스가 토론에 뛰어들었다. 라케스는 자기의 친구마저 난처한 지경에 빠져드는 것을 재미있어 했다. 물론 소크라테스는 자기 자신은 아무 것도 모른다고 말하는 것이었다.

 "우리는 곧바로 선생을 한 분 모셔 오는 것이 좋을 듯싶네. 보아 하니 우리는 확실히 전문가가 아닐세. 우리는 교육에 대해서 충고할 만한 자격이 없네!"

 그는 이렇게 말을 맺었다.

 우리는 이 이야기가 아무런 결론에도 도달하지 못했다고 생각하기 쉽다. 소크라테스의 담론은 대개 이렇게 끝나는 것이 보통이었다. 그러나 그의 친구들은 여러 가지 생각이 차츰 분명하게 드러나게 되었다는 것을 얼마 안 가서 깨닫게 되었다. 실제로 라케스는 많은 것을 배우게 되었다. 용기가 전쟁이 아닌 다른 것과 관계가 있다는 것은 그에게 매우 새로운 생각이었다. 용기가 지혜와 관계가 있다고 하는 것은 더욱 그러했다. 사실 이러한 생각 — 실제로 행하는 것만이 아니라 안다고 하는 것이 용기에 반드시 필요하다는 생각 — 은 라케스에게는 너무나 경이로운 것이었다. 따라서 그는 마치 동굴 밖으로 나온 수인이 처음에 빛 때문에 눈이 부셨던 것처럼 이 생각으로 인해 머리가 혼란스러울 지경이었다. 그러나 그는 이러한 혼란에도 불구하고 올바른 방향을 찾아 나아가고 있었다. 라케스는 자기의 습관 때문에 용기를 좁은 분야에만 국한시켜서 생각했다. 이것은 그의 잘못이었다. 소크라테스와 이야기를 좀더 계속 했더라면 자신의 잘못을 발견할 수 있었을 것이다. 그는 어떻게 하면 전투에서 올바르게 행동할 수 있는지 잘 알고 있었다. 그러나 한 사람을 모든 상황 아래에서 일관성 있게 올바르게 행동하게 만드는 원리는 알지 못했다. 그가 생각한 용기, 즉 전투에 임하여 도망치지 않는 용기는 다른 좋지 못한 일을 하려는 유혹에 저항할 수 있게 할 것인가? 예를 들어 쉽게 거짓말을 해서 어려운 상황을 벗어나려는 유혹에 부딪혔을 때, 라케스의 전투 훈련은 그를 이 유혹에 대처하여 싸우게 할 수 있을 것인가? 라케스의 생각은 또 다른 면에서 제한되어 있었다. 그가 용기란 항상 좋은 것이라고 말했을 때, 그리하여 훈련을 쌓지 않은 사람이 물속으로 뛰어 들어가는 것도 용기라고 말했을 때 그는 한계를 드러내었다. 미처 목적의 중요성을 생각하지 못했던 것이다. 그는 확실한 하나의 행동 —을 용기라고, 또한 용기는 그 자체만으로도 좋은 것이라고 무의식적으로 생각하고 있었다. 그러나 겁에 질린 짐승도, 또 아이를 구해 내려는 용기 있는 사람도 물 속으로 뛰어들 수 있는 것이다. 뛰어 들기로 결심하게 된 그 목적, 즉 '왜' 뛰어 들어가는가라는 것이 그 행동을 진정으로 용기 있는 것으로 만들기도 하고 그렇지 않은 것으로 만들기도 하는 것이다. 단지 앞으로 나아가는 것만으로는 충분하지 못하다는 것을 소크라테스는 깨우쳐 주고 있었다. 우리는 모름지기 좋은 것만을 향해서 앞으로 나아가야 하는 것이다. 이 시점에 이르면 소크라테스의 탐구의 주요한 주제가 대화의 표면으로 떠오를 수 있었겠지만 소크라테스는 라케스가 들어야 할 것을 충분히 들었다고 여기고 더 이상 토론을 진행하지 않았다. "용기란 앎이다. 그것은 어떤 경우에든지 좋은 것을 택하고 나쁜 것을 버릴 수 있을 만큼 충분히 아는 것이다." 그는 아마도 라케스에게 이렇게 일러 줄 수도 있었을 것이다. 그러나 이 말을 해준다고 해서 라케스에게 무슨 도움이 되었을 것인가? 라케스는 훗날 스스로의 힘으로 이것을 찾아냈을 것이다. 라케스는 자기의 전문 분야에 관해서 질문을 받는 전문가 중 한 사람일 뿐이었다. 선을 추구하는 소크라테스에게는 새로운 형태의 모든 선은 마치 벌에게 있어서 꿀의 의미 같은 것이었다.

그는 제대한 지 얼마 되지 않은 어느 날 씨름을 가르치는 학교에 들렀다. 많은 사람들이 전쟁 이야기를 듣기 위해 그의 주위에 모여들었다. 이때 카르미데스가 방 안으로 들어왔다. 그는 당시 아테네에서 가장 멋있고, 가장 인기 있는 청년이었다. 외모 못지않게 마음도 아름다워 세상의 악에 조금도 물들지 않았다고 누구나 칭찬하는 청년이었다. 카르미데스는 곧 소크라테스를 만나기 위해 사람들이 모여 있는 곳으로 다가왔다. 그는 자신의 고질병인 두통을 고칠 수 있는 약을 소크라테스가 가지고 있다는 소문을 들은 적이 있었다. 무슨 일이 일어날지 미처 예측하기도 전에 소크라테스는 그를 겸손과 자제를 탐구하는 데로 깊이 끌고 들어갔다. 젊은 테아이테투스는 장차 위대한 수학자가 될 것이라고 촉망받던 사람인데, 이 사람은 소크라테스가 지식이란 무엇인가를 연구하는 것을 도왔다. 소크라테스는 이렇게 물음을 던졌다. "안다는 것은 본다는 것, 감각한다는 것과 같은가?" 학교 다닐 때의 친구였던 리시스와 메네크세누스는 다음과 같은 질문을 받았다. "우애란 무엇인가? 그것은 사랑하는 것인가, 아니면 사랑받는 것인가?" 에우디프론 — 그는 종교에 관한 전문가였다 — 은 시장을 지나다 소크라테스를 만났다. 에우디프론은 자신의 연로한 아버지가 신들을 거역하는 짓을 했다 해서 아버지를 고소하기 위해 법정으로 가는 길이었다. 소크라테스는 경건이란 무엇인가에 대해 그와 이야기를 나누게 되었다. 소크라테스는 다음과 같은 것을 알고 싶어 했다. "신들이 요구한 행동이면 모두 옳은 것인가? 아니면 옳은 행동이기 때문에 신들이 요구하는가?" 아테네 주변에는 소크라테스 이외에도 질문을 하는 사람들이 있었다. 특히 소크라테스의 말년에는 그런 사람들이 부쩍 많아졌다. 그들 가운데는 소크라테스에 관한 이야기를 들은 사람도 있었고, 또 소크라테스에게 질문하는 방법을 배운 사람도 있었다. 어쨌든 흉내를 내고 그것을 재미있어 하는 것은 쉬운 일이었다. 낱말들의 의미를 억지로 왜곡시켜 사용하고도 문제될 것이 없다면 질문으로 무엇이든지 증명해 낼 수 있었다.

 한 예를 살펴보자. "자네 아버지가 개라는 것을 증명해 볼까?"라고 소피스트인 디오니소도루스가 체육관에서 만난 한 청년에게 말했다. 이 소피스트는 선이 무엇인지를 '이 세상의 누구보다도 더 잘 그리고 더 빨리' 가르칠 자신이 있다고 주장하는 사람이었다. 소피스트는 논변을 시작했다.

 "자넨 개 한 마리를 가지고 있다고 했지."

"그래, 아주 사나운 개라네."
"그 개는 새끼도 있나?"
"그래, 새끼들은 그 개를 아주 많이 닮았지."
"그러니까 그 개가 그 새끼들의 아버지란 말이군?"
"물론, 그것은 틀림없는 사실이네."
"물론이네."
"그렇다면."
라고 그 소피스트는 의기양양하게 주위를 둘러보면서 말했다. "그 개는 아버지 것인 동시에 자네 것이네. 그러므로 그 개는 자네 아버지이고, 자네는 그 개새끼들의 형제란 말일세."

소크라테스는 이런 우스꽝스런 대화를 듣고 폭소를 터뜨렸다. 소크라테스도 물론 원하기만 한다면 이런 따위의 말장난을 할 수도 있었다. 그도 단순히 학식을 자랑하기 위한 질문을 할 수도 있었다. 이런 일은 바로 그의 젊은 친구들 중 몇 명이 집에 돌아와 저녁 식탁에서 가족에게 했던 짓이었다. 또 그는 몇 명의 소피스트들이 그 제자들에게 한 것 같은 좀더 위험천만한 장난을 할 수도 있었다. 그들은 제자들에게 아무리 탐구를 해도 발견할 진리란 하나도 없다고 가르치고 있었다. 그러나 소크라테스의 사명은 지각없는 사람들의 문답의 장난과는 다른 것이었다. 그는 삶을 위한 견고한 기초를 찾고 있었으며, 그것은 그의 친구들을 위한 일이었다. 소크라테스는 우정을 매우 소중히 여겼다. 그에게는 친구는 많았지만 제자는 없었다. 그가 생각하기에 이것은 중요한 문제였다. 그는 아내 크산티페가 아무리 받으라고 강요해도 몇몇 사람들이 그의 가르침에 대한 보수로 내놓는 것을 한사코 거절했다. 자기는 알려고 애쓰고 있을 따름인데 어떻게 가르칠 수 있단 말인가? 뿐만 아니라 보수를 받지 않는다면 원하는 사람은 누구나 그에게 올 수 있을 것이 아닌가? 그는 모든 사람들이 자기를 찾아오기를 원했으며 자기에게 오는 사람이면 누구를 막론하고 막지 않았다. 그는 노인, 젊은이, 학생, 시민, 외국인, 심지어는 부인네들이나 노예에 이르기까지 그들의 정신 속에 있는 좋은 생각들이 드러나 보이기를 원했다. 소크라테스는 아테네의 모든 사람들과 그들이 원하기만 한다면 친구로 사귀고 싶어 했다. 그러한 그의 행동은 몇몇 사람들, 특히 생각과 생활 태도의 변동을 좋아하지 않던 노인들의 오해를 사기도 했다. 이것은 그에게 퍽 안타까운 일이었다. 소크라테스의 친구들은 대부분 어른이 되기 시작하는 젊은 나이에 그를 찾아왔다. 그들은 소크라테스가 자기들 못지않게 삶에 흥미를 느끼고 있고 또 호기심을 가지고 있다는 것을 알게 되었고, 이러한 그를 진심으로 사랑했다. 그들은 소크라테스 내면에서 우러나는 일종의 아름다움을 보았고, 이로 인하여 소크라테스가 있는 곳에 함께 있고 싶어 했다. 소크라테스 역시 그들에게서 내면으로부터 발산되는 아름다움과 힘을 보았는데 아마도 그들은 이것을 충분히 느끼고 있었을 것이다. 그는 이 청년들이 체육관에서 달리고 씨름을 할 때와 마찬가지로 어떤 사상을 좇아 줄달음질을 치며 그것이 가진 모순점을 찾아내고 그것과 씨름할 수 있음을 발견했다. 그들은 자기의 논법이 옳다고 여겼을 때는 머뭇거리지 않고 앞으로 나갔다. 그리고 그들은 선을 보자마자 깊이 사랑하게 되는 것이었다. 사람들이 서로 상대방의 마음속에서 선의 아름다움을 보고 사랑하게 될 때, 이것이야말로 진정한 우애며 이 세상에서 가장 귀한 것이라고 소크라테스는 믿고 있었다. 이러한 아름다움에 끌려 친구가 되는 사람들, 그들은 단순히 상대방의 외모에 이끌려 친구가 되지는 않기 때문에 서로 결합해서 자기 자신과 상대방 속에 선이 자라날 수 있게 한다. 진정한 친구를 얻게 된다면 우리는 자신의 선을 사랑하는 것처럼 그 친구의 선을 사랑하며 친구가 좋아하고 바라는 것을 자신 속에 세우려고 애쓰기 때문이다. 아름다운 사상들과 성질들은 이러한 우애로부터 자라나오는 것이다. 상대방 속에 있는 선을 사랑함으로써 친구가 되는 사람들은 그 선이 어디에서 나타나든 그 선을 보고 사랑하는 것이다. 소크라테스는 언젠가 이렇게 말한 적이 있다. "좋은 친구들은 다른 사람들이 좋은 말(馬)이나 개 또는 싸움 잘 하는 닭으로부터 얻는 만족보다 더 큰 것을 나에게 준다. 만일 내게 한 가지라도 좋은 것이 있다면 그것을 친구들에게 가르친다. 그리고 그들이 선을 추구하는 데 도움이 되리라고 여겨지는 다른 사람들과 사귈 수 있도록 도와준다." 소크라테스에게 친구들과의 모임은 선의 본성을 탐구하는 일을 수행하는 데 참으로 당연하고 자연스러운 모습이었다. 사실 이 탐구가 순조롭게 진행될 수 있었던 것은 무엇보다도 소크라테스가 선생이나 논쟁자가 아니라 친구였기 때문이었다. 친구가 하는 말은 보통 때와는 달리 들리는 법이다. 진정한 친구 사이에서는 입 밖에 낸 말의 참뜻만이 아니라 입 밖에 내지 않은 말의 참뜻까지도 마치 불이 불을 끌어당겨 확 피어오르듯이, 친구로부터' 친구에게로 튀어 오른다. 소크라테스의 친구들은 그의 말뿐만 아니라 그에 못지않게 그의 우애 역시 기억하였다. 플라톤이 스승인 소크라테스의 담론들을 기록할 때, 그것들은 정감 어린 분위기가 넘쳐나는 표현이 될 수밖에 없었다. 플라톤의 기록들은 대부분 체육관이나 시장, 저녁 만찬이나 시골길의 산책을 배경으로 하고 있었던 것이다.

제 9 장

알키비아데스

소크라테스의 친구들 중에서 플라톤을 제외하고 가장 유명한 사람은 알키비아데스였다. 그는 아테네의 버릇없는 총아였는데 페리클레스의 후견을 받고 있었다. 소크라테스와 알키비아데스가 서로 어떻게 만났고 어떤 이야기를 나누었는지에 대해서는 알려진 바가 전혀 없다. 하지만 우리가 알고 있는 것으로 미루어 두 사람의 관계를 짐작해 볼 수는 있을 것이다. 두 사람의 첫 만남은 몇 해 전 소크라테스가 30대 초반이었을 때까지 거슬러 올라가야 한다. 그 때까지도 그는 석수 일을 하고 있기는 했지만, 정신은 이미 여생을 바쳐 수행해야 할 탐구를 향하고 있었다. 그 무렵 여신 아테네의 신전인 파르테논 신전은 아직도 건축 중에 있었는데, 건축을 시작한 지 이미 10년이란 세월이 지나갔다. 장엄한 축제의 행렬, 달리는 말들, 그리고 주재하는 신들이 새겨진 조각대가 사원의 벽면을 돌아가면서 새로이 꾸며지고 있었다. 황금과 상아로 만든 아테네 여신의 입상은 이미 신전 내부에 안치되어 있었다. 처마 끝만이 아직 완성되지 않았는데, 그곳의 돌을 다듬는 일은 아테네의 가장 위대한 조각가가 할 일이었다. 소크라테스와 같은 햇병아리 석수는 아크로폴리스의 정문인 프로필라이아로 일자리를 옮겨 가야만 했다. 이 문은 언덕의 서쪽 가장자리에 막 세워지기 시작하고 있었다. 이제는 소크라테스의 손도 망치와 끌에 제법 익숙해져 있었다. 일하는 동안 그는 새로이 건축을 시작하는 데 따르는 온갖 번잡한 일들, 예를 들어 대리석 덩어리들을 감아올리는 노예들, 발판을 만들어 붙이는 목수들, 도로 포장과 기초 공사에 바쁜 석수들의 모습을 지켜볼 수 있었다. 그때 소크라테스는 한 소년이 일꾼들의 틈 사이를 빠져나와 가파른 계단의 난간을 기어오르는 것을 보았다. 그 소년은 멀찍이 자기를 따라오는 노예가 말리는 소리도 못 들은 척 무시하고 장난을 계속했는데 소크라테스는 나중에야 그 까닭을 알게 되었다. 그 소년은 대단히 수려한 용모를 갖고 있었는데 그 자신 또한 그 점을 잘 알고 있다는 듯이 사람들의 시선을 충분히 의식하며 걷고 있었다. 그는 소크라테스가 있는 곳까지 와서는 아무 거리낌 없는 당당한 태도로 소크라테스를 훑어보는 것이었다.

"안녕하세요?"

"응, 그래."

소크라테스가 부드럽게 인사를 받고는 하던 일을 계속하자 소년은 다시 말을 건넸다.

"내가 누군지 아시겠지요? 난 알키비아데스예요."

소년은 얼굴 전체에 환한 미소를 띠며 말했다. 소크라테스는 고개를 끄덕이고는 다른 정을 하나 골라잡았다.

"당신은 현인 소크라테스지요, 그렇지 않아요?"

라고 묻고 나서 소년은 다시 말을 이었다.

"어젯밤 페리클레스가 당신 이야기를 하더군요. 난 아직은 저녁 식사 때 이런 데 와 있으면 안 돼요. 하지만 그런 건 상관없어요. 한 번 오기로 작정하면 아무도 나를 막을 수 없어요."
 갑자기 그는 말을 끊고는 돌멩이를 하나 집어 들었다. 돌멩이가 휙 하고 날아가는 소리에 소크라테스가 고개를 들자 어떤 노인의 머리가 대리석 덩어리 뒤로 사라지고 있는 모습이 눈에 들어왔다. 그 돌멩이는 노인의 귀를 명중했던 것이다.
 "저건 조피루스예요. 내 노예지요."
 알키비아데스는 아주 유쾌하다는 듯이 설명했다.
 "페리클레스가 그를 내 가정교사로 정해 주고 따라다니게 했어요. 하지만 난 노예가 뒤를 쫓아다니는 게 싫어요."
 "어떻게 넌 그 사람이 노예인 줄 알지?"
 소크라테스는 이상하게 여기며 소년에게 물었다. 알키비아데스는 놀란 표정으로 그를 쳐다보았다.
 "페리클레스가 그를 나에게 주었으니까요. 그는 페리클레스나 내가 시키는 대로 해요. 그는 자기 자신이 하고자 하는 것을 할 수 없어요."
 "그럼 너는 네 자신이 노예가 아님을 어떻게 알지?"
 소크라테스는 비로소 고개를 들어 소년을 똑바로 바라보았다. 조피루스는 대리석 덩어리 뒤에 웅크리고 앉아 숨을 죽이고 있었다. 그러나 무슨 까닭에서인지 알키비아데스는 화를 내지 않았다. 그는 소크라테스를 뚫어지게 노려보더니 천천히 말을 시작했다.
 "내가 클레이니아스와 테이노마케의 아들이라는 것을 아실 텐데요? 우리 작은 할아버지는 페르시아 군과의 해전에서 용감히 싸워서 무공 훈장을 타신 분이에요. 우리 아버지는 코로네아 전투에 지휘관으로 참가하셨다가 전사하셨고요. 그리고 우리 어머니는 페리클레스의 사촌이고, 나는 페리클레스의 집에서 살고 있어요. 그런데 내가 어떻게 노예일 수가 있겠어요? 당신의 말은 그런 뜻이 아닐 테지요?"

"그래, 그런 뜻으로 한 말은 아니지."

라고 소크라테스가 대답했다.

알키비아데스는 잠시 생각에 잠겼다.

"자기가 원하는 것을 할 수 없는 사람들을 노예라고 한다면, 그런 의미에서 내가 노예냐 아니냐를 당신은 묻고 있는 거지요?"

소크라테스가 고개를 끄덕이자 알키비아데스는 크게 소리 내어 웃고는 다음과 같이 말했다.

"그건 쉬운 일이에요. 당신은 내가 조피루스에게 돌을 던지는 것을 보았지요? 나는 내가 원하는 것은 무엇이나 해요. 내가 원하는 것은 무엇이나 언제 어디서나 하지요. 그리고 원하지 않는 것은 절대로 하지 않아요."

"글쎄, 정말 그럴까?"

라고 소크라테스가 말했다.

"오오, 그건 정말이에요. 조피루스에게 물어 보세요. 어떤 때는 내가 아테네에서 가장 자유로운 사람이라는 생각이 들기도 해요. 페리클레스도 의회의 명령을 받아야 하지만, 나는 내가 좋아하는 것만 하니까요. 내 동생 클레이니아스를 아시지요? 사람들이 그를 이 나라에서 쫓아냈을 때, 나는 내 동생에게 무엇이든 하고 싶은 일을 하라고 말해 줬어요. 페리클레스는 내가 클레이니아스에게 나쁜 영향을 미친다고 말하지만 나는 그렇게 생각하지 않아요. 나는 그에게 어떻게 살아갈 것인지를 가르쳐 주었던 거죠. 그가 쫓겨난 후 나는 우리 학교에서 피리 배우는 것을 그만두자고 선동해서 그 일을 성공시켰어요. 아마 당신도 그 이야기를 들었을 거예요. 결국에는 선생들이 우리의 요구를 들어줄 수밖에 없었죠. 그렇고말고요. 나는 내가 원하는 것을 해요."

소크라테스는 그리 신통하게 여기는 눈치가 아니었다. 그는 일감을 만지기 시작했다. 잠시 후 소크라테스는 또다시 질문을 던졌다.

"알키비아데스야, 나는 네가 진정으로 원하는 것을 하는지 잘 모르겠다. 예를 들어 작은 일이지만 돌멩이를 던지는 일에 대해서 생각해 보자. 내가 페리클레스에게 가서 '페리클레스, 당신과 알키비아데스의 당초 계획에 따르면 알키비아데스는 기병대에서 복무해야 되지 않소? 그런데 그는 기병대에 있고 싶어 하지 않소. 그는 외국인으로 편성된 보조군과 함께 복무하며 투석기를 쓰기를 원하오. 돌을 던지는 것이 그가 하기를 원하는 것이니까요'라고 말한다면 너는 내가 한 말에 동의하겠니?"

"물론 동의하지 않아요. 난 단순히 돌을 던지는 것만을 원하는 것이 아니에요. 내가 조피루스에게 돌을 던지는 것은 딴 생각이 있기 때문이에요. 나는 조피루스에게 내가 그보다 낫다는 것을 보여주고 싶은 거예요."

"그래, 그렇다면 너는 어떤 점이 그보다 낫다는 거냐?"
 알키비아데스는 이 말의 뜻을 이해하지 못했다.
"몇 가지 예를 들어 보겠다. 우리는 어떤 구두장이가 다른 구두장이보다 훌륭하다고 말을 한다. 그렇지?"
 라고 소크라테스가 말했다.
"그래요."
"그렇다면 그는 어떤 일에서 보다 나은 거지?"
"그야 분명히 구두 만드는 일에서지요."
"어떤 물길 안내인이 다른 물길 안내인보다 더 낫다고 할 때, 그것은 배의 방향을 잘 잡는 일에서 낫다는 것이며, 빵 굽는 사람 중에서 한 사람이 다른 사람보다 낫다고 한다면 빵 굽는 일에서 그렇다는 것이겠지?"
"그야 물론이지요. 그러나 도대체 그게 나와 무슨 상관이에요? 난 빵 굽는 사람이 아니잖아요."
"그리고 돌 던지는 사람 둘이 있다고 하자. 한 사람이 다른 사람보다 낫다면 그것은 돌 던지는 데 있어서 나은 것이지?"
 소크라테스는 계속해서 말을 이어갔다.
"그런데 너는 조피루스와 돌 던지는 시합을 할 생각이 분명히 없으면서도 돌을 던짐으로써 네 자신이 그보다 낫다는 것을 보여주고 싶어 했단 말이야!"
"내가 말한 '낫다'라는 말이 무엇을 의미하는지 당신은 잘 알고 있을 텐데요."
 알키비아데스는 답답하다는 듯이 발까지 굴러 가며 말했다.

"그건 빵 굽는 사람, 구두 고치는 사람, 또는 다른 어떤 천한 장사꾼으로서 낫다는 것이 아니에요. 돌 던지는 사람으로서 남보다 낫다고 하는 것도 아니구요. 내가 말한 것의 의미는 물론 한 인간으로서 낫다는 거예요!"

소크라테스의 못생긴 얼굴은 마치 뜻밖의 보물을 찾기나 한 것처럼 빛났다. 그는 망치를 내려놓고 소년에게 손을 내밀었다.

그는 엄숙하게 말했다.

"클레이니아스의 아들 알키비아데스야, 나는 너와 친구가 되어야겠다. 한 인간을 인간으로서 더 낫게 만드는 선, 이것이야말로 너와 내가 다같이 원하는 것이다. 나의 말에 동의한다면, 그리고 의지가 있다면 그것을 발견할 때까지 우리 함께 탐구해 나아가자."

그는 다시 일을 시작하면서 눈 가장자리에 주름이 잡힐 만큼 익살스럽게 웃으며 말을 덧붙였다.

"그러나 의심스럽구나. 돌을 던짐으로써 우리가 그것을 발견할 수 있는지에 대해서는 자못 의심스럽게 생각해."

이후로 알키비아데스는 소크라테스를 따라다녔는데 이것은 사람들의 눈에 우스꽝스럽게 비쳤다. 알키비아데스는 소크라테스를 만나기 위해 체육관을 찾아가거나 만찬에 초대하기도 했다. 알키비아데스가 소크라테스를 좇는 것에 대해 사람들은 자신을 두드러지게 드러내기 위한 새로운 방법이라고 한 마디씩 했다. 그들이 생각하기에 질문하고 대답하는 소크라테스의 이야기 게임은 그를 그리 오래 붙들어 두지는 못할 것 같았다.

그러나 사람들의 생각은 들어맞지 않았다. 알키비아데스가 소크라테스를 찾아오게 된 첫 번째 이유는 호기심 때문이었다. 그는 소크라테스를 만났던 파르테논 신전 공사장을 나선 직후부터 소크라테스의 흉내를 내기 시작했다. 그는 눈을 껌뻑거리면서 비스듬히 쳐다보기도 하고, 펠리컨처럼 뒤뚱거리며 걷기도 했다. 빵 굽는 사람들, 물길 안내인과 구두장이에 관한 이야기를 하면서 소크라테스 흉내를 냈다. 알키비아데스의 친구들은 그가 이토록 재미있고 우스웠던 적이 없었다면서 숨이 넘어가도록 웃어댔다. 그러나 소크라테스와 처음 만난 후부터 알키비아데스에게는 어떤 다른 현상이 일어나기 시작했다. 그것은 그가 전혀 기대하지 않았던 것이요, 또 그 당시의 그로서는 도저히 깨닫지 못한 것이었다. 알키비아데스는 그의 전 생애를 통해서 어떤 일에서나 무시당한 적이 없었다. 이것은 아버지를 여의면서 진정한 자기의 집을 가지지 못한 채 살아 갈 수밖에 없다는 것을 알게 된 이후로 줄곧 그랬다. 무슨 일에서건, 알키비아데스 자신이 먼저 시작한 일이 아니라고 할지라도, 한 번 마음먹으면 그 일에 끼어들어 주도권을 차지할 수 있는 방법을 알고 있었다. 그는 부유한 가문 출신에, 수려한 용모를 지녔으며, 사람들에게 인기가 있었다. 그 스스로도 자신이 아테네에서 가장 주목받는 청년이 될 수 있도록 주의를 기울였다. 그는 알아야 할 것은 무엇이든지 다 알고 있다고 생각했으며, 또 할만한 가치가 있는 것은 무엇이든지 하고 있다고 생각했다. 적어도 소크라테스를 만나기 전까지의 알키비아데스는 그런 청년이었다. 소크라테스에게는 하나의 비결이 있었다. 알키비아데스는 그를 처음 만났을 때부터 이러한 사실을 느꼈고, 이것이 무엇인지 캐내고야 말겠다고 마음먹었다. 소크라테스는 마치 딴 나라 사람 같았다. 알키비아데스가 소유하고 있고 소중하게 여기는 모든 것이 아무런 가치도 갖지 못하는 그런 나라의 사람처럼 여겨졌던 것이다. 물론 소크라테스는 아테네의 거리를 구석구석 돌아다니면서, 사람들과 농담을 나누고, 서로 놀려대기도 하며, 즐겁게 지내고 있었다. 소크라테스는 모르는 사람이 거의 없었고, 모든 소식에 관심을 기울이면서, 아테네에 사는 어느 누구 못지않게 힘차고 즐겁게 생활하고 있었다. 그러나 그가 마음의 평정을 얻는 곳은 언제나 다른 나라에서였다. 소크라테스와 대화를 나누었을 때 알키비아데스는 소크라테스가 살고 있는 나라의 신비스럽고도 매력 있는 여러 모습을 포착해 낼 수 있었다. 그는 그 모습들을 대부분의 사람들이 보는 것보다 훨씬 더 분명하게 보았다. 소크라테스의 나라에서 사람들은 자유로웠다. 예전의 알키비아데스로서는 결코 이해할 수 없었던 새로운 의미의 자유였다. 그 나라의 사람들은 한 가지 분명한 방향에서 모든 일을 해나갈 수 있는 자유가 있었다. 그 나라의 사람들은 숨어 있는 주인에 이리저리 끌려 다니듯 수없이 많은 갖가지 충동, 공포, 증오에 의하여 끌려가지는 않았다. 소크라테스의 나라의 관점에서 본다면 알키비아데스는 자신이 노예의 삶을 살고 있다고 느껴졌다. 소크라테스의 나라에서는 모든 것이 거꾸로 되어 있었다. 아니 어쩌면 소크라테스의 나라야말로 모든 것이 제대로 되어 있는 곳이고 다른 사람들의 나라가 오히려 거꾸로 되어 있는 것인지도 모른다. 알키비아데스는 아테네 주위에서 항상 갈채와 찬미를 받으면서 살아 왔다. 그는 자기에게 쏟아지는 갈채와 찬미를 어깨 위에 걸쳐진 자줏빛 겉옷처럼 느끼고 있었는데, 소크라테스의 나라의 날카로운 눈초리와 마주치게 되자, 이러한 모든 것은 아무런 소용도 없는 것 같이 여겨졌다. 심지어는 운동으로 단련된 그의 멋진 육체도 그곳에서는 볼품없는 것이었다. 소크라테스의 눈에 비친 알키비아데스는 헐벗고 연약한 작은 영혼을 지닌 불쌍한 청년에 지나지 않았다. 그리고 그는 떨고 있었다. 소크라테스의 나라 사람들은 의로움과 진리라는 아주 다른 옷을 입고 있었다. 그러나 그것은 아테네 주변에서 현명한 척하는 사람들이 끌고 다니는 옷과 전혀 달랐다. 그 옷은 의로움과 진리의 모방물, 그래서 공중 앞에서 그것을 입으면 창피해서 얼굴이 붉어질 정도로 추하고 보잘것없는 모방물이 아니었다. 소크라테스의 나라의 의로움과 진리는 힘과 자유를 가지고 있었다. 그러나 그것은 다른 나라에서는 악에 속할 수도 있는 것이었다. 알키비아데스는 여러 차례 소크라테스의 나라 사람이 되기를 간절히 원했다. 자기가 소크라테스의 나라에 들어가게 되면 소크라테스 역시 무척 기뻐하리라는 것도 그는 잘 알고 있었다. 그러나 그 나라로 들어가기 위해서는 무엇을 지불해야만 했다. 이것 역시 이 나라의 신비스러움을 증명하는 또 하나의 특색이었다. 알키비아데스는 부유했고 소크라테스는 가난했다. 하지만 소크라테스의 나라에 들어가는 입장료는 알키비아데스가 치를 수 있는 것보다 훨씬 비싼 것이었다. 무엇보다도 곤란한 점은 이 나라에 머물러 있으려면 한 번만이 아니라 여러 번 값을 내야 하기 때문에 결국 소크라테스처럼 아무 것도 남지 않게 되리라는 점이었다. 알키비아데스에게 이것은 참으로 난처한 문제였다. 소크라테스와 알키비아데스 사이에 어떤 일이 일어나고 있었는지, 그리고 알키비아데스의 마음속에서 어떤 일이 일어나고 있었는지를 알아차린 사람은 극히 적었다. 그들은 표면적으로 일어나고 있는 일은 잘 보고 알았다. 두 사람이 함께 있는 것이 자주 눈에 띄었고 두 사람의 친밀한 우정은 모든 사람의 화젯거리가 되었다. 그러나 사람들은 곧 그것을 당연한 것으로 받아들였으며 동시에 알키비아데스가 버릇없는 소년에서 지극히 충동적이고 위험한 청년으로 성장해가고 있음을 지켜보았다. 그들은 당시 알키비아데스의 재치 넘치는 언행을 찬미했고 그러한 점을 좋아했다. 훗날 알키비아데스가 자기의 인생을 그르치게 되었을 때, 사람들은 그 책임을 소크라테스에게 돌리며 비난했다. 그것은 소크라테스가 일찍이 경험해 보지 못한 가장 거칠고 가장 통분스러운 교우였다. 그러나 소크라테스가 그러한 관계를 언제까지나 참고 견뎠던 것은 그만큼 알키비아데스에게서 많은 가치를 꿰뚫어 보고 있었기 때문이었다. 어떤 때 알키비아데스는 마치 끈에 묶인 개처럼 소크라테스를 졸졸 따라다녔다. 그런가 하면 또 곧 그를 떠나서 사나운 모험 길에 올라 아테네 전체를 떠들썩하게 만들었다. 알키비아데스의 마음속에서는 소크라테스와 소크라테스의 나라는 동일한 것이었다. 그리하여 그가 그 중 하나를 버리고 떠났다면, 그는 또 다른 하나를 버린 것이었다. 하루는 알키비아데스가 느닷없이 힙포니쿠스 — 힙포니쿠스는 견실한 노인으로 백만장자였는데 알키비아데스는 훗날 그의 딸과 결혼했다 — 의 얼굴을 때렸다. 무슨 이유로 그런 짓을 했단 말인가?

"오오, 알키비아데스의 사람됨을 잘 알지 않나? 아마 무슨 내기를 했거나 그렇지 않으면 그저 재미로 그랬겠지!"

이것이 대다수 사람들의 대답이었다. 다음날 아침에는 더 깜짝 놀랄 만한 소문이 돌았다. 알키비아데스가 그에게 정중하게 사과했던 것이다. 힙포니쿠스는 물론 그를 용서해 주었다. 사람들은 감정적으로는 늘 알키비아데스를 용서했으나 이성적으로는 불신하게 되었다. 아니투스라는 그의 또 다른 친구는 알키비아데스가 자신의 집에 몰래 들어와서 잔치에 쓰려고 내놓은 금그릇과 은그릇을 절반이나 가져가 버렸는데도 역시 용서했다.

"절반이나 남겨 놓고 간 것이 고마울 따름이지요."

아니투스는 손님들에게 이렇게 말했다. 이것은 재미있으면서도 충격적인 이야기라고 사람들은 생각했다. 사람들은 알키비아데스가 화가 아가타르쿠스를 어떻게 자기 집의 벽이 온통 그림으로 뒤덮일 때까지 가두어 두었는지에 대해 이야기하며 즐거워했다. 또 알키비아데스의 아내가 이혼하기 위해 법정에 왔을 때, 그가 찾아와서 그녀를 어깨에 둘러메고 집으로 돌아간 사건에 대해 입방아를 찧기도 했다. 아마도 아테네 시 전체에서 알키비아데스의 안하무인식 행동을 조금도 재미있어 하지 않고 엄격한 태도로 지켜본 사람은 아마 소크라테스밖에 없었을 것이다. 법을 무시한 그의 행동은 참으로 딱한 일이었다. 알키비아데스는 사람들이 무엇을 찬미하는가를 알아차리는 데, 그리고 그것을 실천에 옮기는 데 지나치게 재빨랐던 것이다. 훗날의 그의 파멸에 대해서 만일 알키비아데스 자신 이외에 누군가가 책임을 져야 한다면 사소한 악행은 신나고 매력적인 일이라고 생각하고 그러한 행동을 찬미한 아테네 시민들이 져야 할 것이었다. 알키비아데스는 소크라테스와 함께 있을 때에는 보통 때와 달리 행동할 수 있었다. 그들이 함께 있었던 시기 가운데 가장 좋았던 때는 포티다에이아 전투 때였다. 알키비아데스로서는 처음으로 참가한 전투였는데 그는 보병에 지원함으로써 친구들을 놀라게 했다. 그와 같은 상류 계급의 부유한 청년들은 거의 모두 말을 가지고 있었기 때문에 당연히 기병 훈련을 받고 있었다. 알키비아데스도 나중에는 기병장교로 복무했지만 이 전투에서는 보병으로 참가하였고 소크라테스와 같은 막사에서 기거하였다. 그는 지위를 버리고 친구와 함께 있기를 택한 것이었다. 이 전투에서 알키비아데스는 군인으로서 명성을 얻었다. 그는 이 전투에서 가장 용맹한 군인으로 선정되어 포상을 받았는데, 이 상을 당연히 소크라테스가 받아야 한다고 주장하였다. 부상을 당한 그를 소크라테스는 생명의 위협을 무릅쓰고 구출해 냈던 것이다. 그 상은 크나큰 명예였다. 알키비아데스의 친척 가운데 한 사람도 페르시아 전쟁 때 전투에서의 용맹스러움으로 상을 탄 적이 있는데, 모든 아테네 시민들은 아직도 그 일을 기억하고 있었다. 그러나 아테네에서의 알키비아데스를 기억하는 사람들에게 더욱 놀라웠던 점은 군대의 일과를 수행하면서 그가 취한 태도에 관한 것이었다. 그는 다른 병사들과 똑같이 행군하며 굶주림과 추위에 떨며 보초를 섰다. 그러면서도 허식이 조금도 없었으며 남의 칭찬을 기대하지 않았고 성실했다. 아마도 그는 군대에서 어떤 일을 할 때 칭송을 받는지 알고 있었을 것이다. 그렇지 않다면 소크라테스의 도움으로 자신을 통제하고 있었을 것이다. 이리하여 알키비아데스는 소크라테스와 한 해를 함께 지냈는데, 이 때가 그들의 교제 기간을 통틀어 가장 친밀했던 때였다. 전쟁이 끝나고 그들은 아테네로 돌아왔다. 소크라테스는 신이 자신에게 부여한 사명에 복종하여 공적인 일을 하기 시작했고, 알키비아데스는 정계로 진출했다. 군대에 있을 때 알키비아데스는 좋은 평판을 얻었지만, 아테네로 다시 돌아온 지금, 두 사람의 차이는 그 어느 때보다도 확연히 드러났다. 정계에 입문한 알키비아데스는 이제까지 늘 생각해 오던 것을 마음속으로 확신하게 되었다. 자기는 결코 소크라테스의 나라에 속할 수 없으리라는 생각이었다. 그는 자기의 친구를 통해 그 나라를 보았을 때 진심으로 그를 사랑하였다. 그러나 스스로 그 나라에 들어서기 위해 대가를 치르고 싶지는 않았던 것이다. 결국 그는 자신의 길을 걸어갔다. 플라톤의 기록에 따르면, 약 15년의 세월이 흐른 후 아테네의 시인 아가톤의 집에서 유명한 저녁 만찬이 열리게 되었다. 이 만찬은 아가톤이 첫 희곡으로 상을 탄 것을 자축하기 위해 베푼 것이었다. 만찬에는 유명 인사들이 많이 참석하였는데 그 중에는 희극 작가 아리스토파네스와 소크라테스의 친구였던 아리스토데무스 — 그는 훗날 이 만찬에 대한 이야기를 전해 주었다 — 그리고 소크라테스 등이 있었다. 그러나 알키비아데스는 초대받지 않았다. 그는 이미 유력한 정치가가 되어 있었고 명망 높은 장군의 지위에 올라 있었다. 그는 다가오는 올림픽 경기에 대비하여 사두마(四頭馬) 경주 팀을 일곱 개 이상이나 훈련시키느라고 바빴다. 더욱이 그는 소크라테스를 피하고 있었다. 일반적으로 저녁 만찬 때에는 식사 후에 손님들이 노래를 부르며 게임을 즐긴다거나 노예들의 연주를 듣는 것이 관례였는데, 아가톤의 만찬에는 이런 관례가 적용되지 않았다. 이 저녁 모임은 순전히 문인들과 사상가들의 잔치였다. 그래서 그들은 피리 부는 사람들을 내 보낸 후, 한 사람씩 돌아가면서 훌륭한 연설을 하였다. 이 날의 주제는 사랑이었다. 그들은 각각 사랑에 관한 연설을 했는데, 각자의 사상적 경향이나 직업에 따라 기지가 넘치거나 과학적이거나 시적인 연설을 하였다. 소크라테스는 자기가 아는 대로 사랑에 관한 이야기를 했다. 즉 친구들과의 사랑은 마치 사다리를 올라가는 것처럼 올라갈수록 순수해져서 마침내 새롭고 황홀한 선을 볼 수 있다는 것이다. 소크라테스가 막 말을 마쳤을 때 갑자기 문 밖에서 피리 부는 소리와 대문을 두드리는 소리가 들렸다. 아가톤은 노예를 시켜 무슨 일인지 알아보게 하였다. 잠시 후 마당에서 알키비아데스의 목소리가 들려 왔다. 그는 술에 몹시 취해 소리를 질러댔다.

"아가톤은 어디 있는가? 아가톤이 있는 곳으로 나를 데려다 다오!"

알키비아데스는 피리 부는 처녀와 수행원의 부축을 받으며 가까스로 안으로 들어오고 있었다. 그는 다른 만찬에 다녀오는 길이었다. 그는 피리 부는 처녀를 팔에 끼고 수행원들에 둘러싸인 채, 담쟁이와 오랑캐꽃으로 엮어 리본을 잔뜩 단 화관을 머리에 쓰고는 멋들어지게 입장했다.

"여러분 안녕하십니까? 술이 많이 취한 사람이 여러분의 만찬에 참가해도 괜찮겠습니까? 그렇지 않다면 애초에 작정한 대로 이 멋진 화관을 아가톤의 머리에 씌워 주기만 하고 그냥 돌아갈까요?"

손님들은 모두들 머물러 있으라고 외쳐댔고, 아가톤 또한 기꺼이 초대했다. 그리하여 그는 아가톤과 소크라테스 사이에 자리를 잡고 앉게 되었다.

"신발을 벗겨 드려라. 그리고 우리 두 사람 사이에 침상을 펴서 편안히 기댈 수 있게 해드려라."

아가톤은 노예들에게 명령했다.

"정말 고맙습니다. 그런데 또 한 사람은 누구신가요?"

알키비아데스는 말했다.

그는 아가톤에게 화관에 달려 있던 리본은 떼어 내어 씌워 주는 데 정신이 팔려서 옆에 있는 사람이 누군지 미처 알아보지 못했던 것이다. 몸을 돌려 소크라테스를 보자 그는 놀라움을 금치 못했다.

"아이구, 소크라테스였군. 있으리라고는 꿈에도 생각하지 못한 곳에서 나를 지키고 기다리는 것이 이 사람의 오랜 술책이지. 아가톤, 내가 자네에게 준 리본을 몇 개만 다시 주게. 자네처럼 한 번만 승리자가 된 것이 아니라 항상 승리자인 이 사람의 놀라운 머리에도 화관을 씌워 드려야겠네."

그는 아가톤의 머리에 둘러 주었던 리본을 몇 개 떼어 내어 소크라테스의 머리 위에 장엄한 태도로 얹으며 말했다.

"여러분은 오늘 사랑을 예찬하는 연설을 하셨지요. 난 너무 취해서 그런 연설은 못 하지만 소크라테스를 예찬할 수는 있어요."

"자넨 지금 무엇을 하려는 것인가? 나를 웃음거리로 만들 셈인가?"

소크라테스가 물었다.

"잠자코 계시오."

알키비아데스는 마치 싸우기라도 할 듯이 퉁명스럽게 말했다.

"당신이 여기 있는 동안은 난 어느 누구도 찬양하지 않을 거요. 하지만 당신이 허락한다면 진실을 말할 것이오."

"진실이라면 말해도 좋네."

소크라테스가 말했다.

"그럼 시작하지요. 여러분은 가게에서 팔고 있는, 반은 사람이고 반은 물고기인 저 시렌느 상을 본 적이 있습니까? 상자처럼 되어 있는데 바깥에는 피리를 부는 추하고 늙은 시렌느가 있고 상자를 열면 아름답고 조그만 신상(神像)이 들어 있는 것 말입니다. 그것이 바로 소크라테스와 닮았지요. 다른 점이 있다면, 그는 사람의 마음을 홀리기 위해서 피리를 불 필요가 없다는 것이지요. 말만으로도 충분하니까요."

알키비아데스는 마치 생각을 모으려는 듯 얼굴을 찌푸려 가며 이야기를 계속했다. 그는 나름대로는 말을 가장 잘 하고 있을 때에도 유창한 웅변가는 되지 못했다.

"나는 이것에 관해서 정신을 똑바로 차리고 말하려고 합니다." 그는 말을 이어갔다.

"소크라테스가 그의 말로써 내게 무슨 짓을 했는가에 관해서 내가 느낀 대로 솔직하게 말한다면 여러분은 내가 완전히 취했다고만 말할 테지요. 그의 말은 내 마음 속을 뒤흔듭니다. 그의 말에 귀를 기울이고 있으면 나는 소리 내어 울고 싶어집니다. 그건 이상한 감정이에요. 페리클레스는 대단한 웅변가였지만 한 번도 이런 감동을 주지는 못했어요. 그는 나 자신이 노예처럼 살아가는 데 대해서 분노를 느끼게 하거나 부끄러워하게 만든 적이 한 번도 없었지요. 그렇습니다, 나 자신이 부끄럽다는 생각 말입니다! 여러분들은 내가 부끄러움이 무엇인지 알고 있다고는 생각하지 않으실 거예요. 그렇지 않습니까? 소크라테스는 내게 부끄럽다는 생각이 들게 만듭니다. 나에게 이런 일을 한 것은 오직 소크라테스밖에 없습니다. 물론 그의 말은 옳습니다. 나는 그의 말에 반박할 수가 없어요. 그러나 나는 그가 사라지자마자 남들이 나를 쳐다보고 칭송하는 것을 좋아하고 바라는 내 감정에 압도당하고 맙니다. 그래서 나는 그를 피하고 그에게서 도망치지요. 그러다가 다시 그를 만나게 되면 부끄러워하지요. 오늘 밤처럼 말입니다. 때때로 나는 그가 죽어 버렸으면 하고 바랄 때가 있어요. 하지만 그가 죽는다면 나는 더욱더 비참해질 것입니다. 나는 어떻게 하면 좋을지 모르겠어요."

소크라테스와 아가톤 사이의 자리에 누워 있던 알키비아데스는 낮이었다면 결코 하지 못했을 이야기를 했다. 두 눈에서는 눈물이 흘러내렸고, 담쟁이와 오랑캐꽃 화관은 힘없이 앞이마에 미끄러져 내려와 있었다. 그는 어떻게 해서든지 소크라테스의 비결을 알아내려고 소크라테스를 따라다녔던 때와 포티다에이아에서 함께 지낸 시절의 이야기를 했다. 그러나 그의 이야기는 언제나 소크라테스의 말 속에 숨어 있는 이상한 힘에 대한 것으로 되돌아오곤 했다.

"그의 말도 역시 추하지요. 시렌느의 상자처럼 말입니다. 그의 이야기는 항상 대장장이나 구두장이 또는 무두장이에 관한 것이지요. 그래서 무엇인가를 잘 모르는 사람들은 그의 말을 듣고는 우습게 여깁니다. 그러나 그 상자를 한 번 열어 보세요. 그러면 다른 말들은 아무런 의미도 없다는 것을 깨닫게 될 거예요. 그의 말은 선이 무엇인지 알 수 있게 해주는 비유로 가득 차 있어요. 그야말로 굉장한 말이지요. 그건 생명만큼이나 굉장한 거예요! 자, 이것이 소크라테스를 찬양하는 나의 연설입니다. 그리고 그에게 시달린 사람은 나만이 아니지요. 아카톤, 자네도 조심하게. 조심하지 않으면 자네는 그에게 사로잡히고 말걸세."

그는 이렇게 말을 마쳤다. 웃음이 터져 나왔고 여기저기서 놀려대는 소리가 들렸다. 한참 후 몇몇 주정꾼이 거리에서 몰려들어와 만찬은 더욱 혼란스러워졌다. 소크라테스와 비극 작가 아가톤, 그리고 희극 작가 아리스토파네스만 맑은 정신으로 새벽까지 대화를 나누었다. 훗날 이 잔치에 관한 이야기를 전해준 아리스토데무스는 중간에 잠들어 버렸지만, 소크라테스가 다른 두 사람에게 희극과 비극은 근본적으로 같은 것이며, 비극 시인은 동시에 희극 시인이기도 해야 한다고 주장하며 그들을 설복시키기 위해 애썼다는 것을 기억하고 있었다. 그들은 소크라테스의 말을 주의를 기울여 계속 들을 수는 없었다. 이야기를 들으면서 끄덕끄덕 졸다가 마침내는 잠들고 말았던 것이다. 아리스토파네스가 먼저 잠들고 동이 틀 무렵에는 아가톤마저 잠들었다. 그러자 소크라테스는 조용히 밖으로 나왔다. 그때 마침 먼저 잠들었다가 막 깨어난 아리스토데무스가 뒤따라 나왔다. 그들은 체육관으로 갔다. 거기서 소크라테스는 몸을 씻고 평소와 같이 그날을 보냈다. 저녁이 되어서야 그는 집으로 가서 잠자리에 들었다. 이것이 플라톤이 기록한 이야기의 끝이다. 1년 후 알키비아데스는 아테네 사람들이 행하던 제사 가운데 가장 신성하고 은밀한 제사였던 엘레우시스의 제전을 흉내 냈다는 이유로 고소당했다. 이 때문에 알키비아데스는 자칫하면 목숨을 잃을 뻔했다. 그는 이때 장군으로 시칠리아에서 복무하고 있었는데 귀국하여 재판을 받으려 하지 않았다. 대신 그는 적진으로 도망쳤다. 훗날 아테네 군이 시칠리아에서 후퇴하다가 적의 함정에 빠져 수천 명의 청년들이 살해되고 포로가 된 것은 알키비아데스의 배신과 관련이 있었다. 그는 스파르타 군에게 유리한 조언을 해주었던 것이다. 또한 스파르타의 침입군이 데켈레아에 있는 변방의 요새로부터 아테네의 성벽으로 침공해 들어온 것도 알키비아데스의 조언이 작용했다는 것을 아테네 시민들은 분명히 알 수 있었다. 아테네 시민들은 항상 그를 용서했듯이 이번에도 용서했다. 그가 아테네로 돌아와 다시 군대에 복무하게 되었을 때, 그는 아테네에 넉 달 동안 머물러 있었다. 그는 몇 번이나 빛나는 승리를 거두었다. 그러나 이와 같은 찬란한 공적도 결국에는 아무 소용이 없어져 버렸다. 그는 결코 신뢰를 회복할 수 없었던 것이다. 그의 함대가 전투에서 패하자 사람들은 그가 고의적으로 패배했다고 생각했다. 알키비아데스는 전쟁이 끝나자 야만국인 트라키아에 유배되었다. 그는 해변가에 앉아서 아테네 해군이 전멸하는 것을 보았으나 아무 것도 할 수가 없었다.

그 후 그는 페르시아로 탈출하여 피신처를 얻으려고 했으나 도중에 붙잡혀 처형당했다. 그는 친구 없이 홀로 죽어갔다. 그는 일생을 통해 자신의 다양한 재능을 아깝게 허비했다는 이야깃거리 이외에는 아무 것도 남기지 못했다. 그는 자유롭게 됨을 선택하기만 했다면 훌륭한 자유인이 될 수 있었건만 결국 노예로 일생을 마쳤던 것이다.

제 10 장

전쟁의 회오리

알키비아데스가 영웅이 되었다가 마침내 실각하게 된 그 여러 해, 플라톤이 성장해 가고 소크라테스가 신으로부터 받은 사명을 수행하고 있던 그 여러 해 동안 스파르타와의 대전은 계속되고 있었다. 이 전쟁은 소크라테스가 39세쯤 되었을 때 시작되었다. 그러나 전쟁이 끝났을 때 소크라테스는 66세쯤 되어 있었다. 여름마다 아테네 육군은 고국을 떠나 전쟁터로 갔고 함대는 먼 곳으로 끝도 없는 항해를 계속했다. 우리가 잘 알고 있는 것처럼 소크라테스도 종군하고 있었다. 틀림없이 그는 여러 지역의 전투에 참가했을 것이다. 크산티페는 몇 번씩 침실에 있는 궤짝에서 낡은 청동 투구와 갑옷의 가슴받이를 꺼내어 손질해야 했을 것이요, 거실의 벽에 걸려 있던 방패와 창을 내려야만 했을 것이다. 가슴받이의 고리를 단단히 고쳐 달고는 어깨에 대는 방어구(防禦具)가 제대로 잘 움직이는지, 말 털로 만든 깃털은 바깥으로 잘 나와 있는지, 투구의 구멍에 꼭 맞게 끼워져서 행여 빠지지는 않겠는지 살펴보아야 했을 것이다. 방패는 움푹 들어간 데까지도 거울처럼 반들반들해질 때까지 닦아야 했다. 크산티페는 소크라테스의 낡은 외투를 빨고 해어진 부분을 꼼꼼하게 손질했다. 소크라테스는 그대로 두어도 괜찮다고 말했지만 그녀는 그가 다른 사람에 비해 초라하게 보이는 것을 싫어했다. 소크라테스가 전쟁터로 떠날 때 그녀는 말린 생선과 올리브, 보리로 만든 과자와 치즈로 3일분의 양식을 꾸려 배낭을 만들고는 소크라테스가 다른 사람들과 함께 성문을 통과하여 행군하는 것을 배웅하러 나섰다. 첫 아기가 출생하자 그녀는 아이를 등에 업고 다녔다. 그 아이는 그야말로 옛 시에서 말하는 "뒤늦게 얻은, 많은 기도 끝에 얻은 지극히 사랑스런 아이"였다. 그 시절뿐만 아니라 그 후의 크산티페의 생활도 편안하지 못했다. 소크라테스는 전쟁이 일어나기 얼마 전에, 아니면 전쟁이 시작된 지 얼마 되지 않았을 때 그녀와 결혼한 것으로 보인다. 그는 그녀를 성냥 제조업자나 친척 부인을 통해 알게 되었을 것이다. 이런 식으로 결혼이 성사되는 것이 그 당시 아테네의 관례였다. 아마 그녀는 소크라테스와 가까운 곳에 살았을 것이며, 물을 긷기 위해 물 항아리를 이고 거리를 지나 우물로 내려가는 것을 소크라테스도 본 적이 있는 소녀였을지도 모른다. 물론 그는 결혼하기 전에는 그녀에 대해서 아무 것도 몰랐으며, 그녀 역시 그를 전혀 몰랐다. 그가 그녀와 결혼한 것은 자식을 갖고 싶어서였다. 그녀가 그와 결혼한 것은 결혼이란 것을 늘 기대하고 있었기 때문이었다. 그녀는 결혼하여 자식을 낳고 주부가 되는 것에 대해 일종의 동경을 품고 있었던 것이다. 그는 보통 사람과 다르고, 더구나 못생긴 편이었지만 그녀에게 따뜻한 보금자리와 상냥함을 보여주었다. 그리고 그녀는 그보다 훨씬 나이가 어렸다. 소크라테스는 크산티페에게 아주 다정다감한 남편이었다. 그들은 아마 어느 정도 서로 사랑하고 있었을 것이다. 하지만 그들은 사랑을 많이 나누지는 못했다. 아테네에서는 남편과

아내가 서로 지극히 사랑하며 지낸다는 것은 기대하기 힘들었다. 크산티페는 곧잘 바가지를 긁어댔다. 그녀가 바가지를 긁으면 그는 꾹 참았다. 그는 그녀의 속마음은 착하다는 것을 알고 있었기 때문에 그다지 신경을 쓰지 않고 웃어 넘겼다. 그는 자식들에게 이렇게 말하곤 했다.

"말을 아무리 많이 한다 해도 너희들을 해치지는 않는다. 그렇지만 너희들이 아플 때 엄마가 얼마나 애쓰는가를 기억해야 한다."

이처럼 소크라테스는 크산티페를 위하고 아껴 주었다. 크산티페는 생활의 어려움을 고통스럽게 여겼는지는 몰라도 그에게 자녀를 낳아 주었다. 우리가 알기로는 세 아들—람프로클레스, 소프로니스쿠스, 그리고 막내인 메네크세누스—이 있었다. 아마 딸도 낳았을 것이지만 성장하여 어른이 된 딸은 하나도 없었다. 소크라테스가 50세가 되기 전에 낳은 아이들은 한 명도 어른이 될 때까지 살아남지 못했다. 그러나 만년에 이르러서는 그가 그토록 바라던 가족을 가지게 되었고, 그는 이 사실을 항상 감사하게 생각하고 있었다. 그는 죽기 전날 밤, 크산티페와 함께 있기를 원했다. 물론 소크라테스에게는 크산티페와 자녀들 이외에도 친구들이 있었다. 오래 전부터 알고 지내던 옛 친구들과 새 친구들도 많았다. 전쟁을 치르는 동안, 아주 새로운 세대가 유년기를 거쳐 어른으로 성장했다. 그 무렵 크리톤은 그의 아들 크리토볼루스를 소크라테스에게 데리고 왔다. 말과 개를 기르는 데 열성이던 크세노폰도 있었다. 따뜻한 마음을 지닌

이 청년은 가끔씩 들러 그의 말을 듣곤 했다. 젊은 시인 아가톤도 그의 친구였는데 이 사람은 앞서 이야기한 그 유명한 저녁 만찬을 베푼 사람이었다. 또 방패 만드는 공장의 주인인 나이 많은 시칠리아인 케팔루스는 아가톤의 친구였는데, 항구 근처에 있는 그의 집에서도 역시 유명한 토론이 있었던 것으로 전해지고 있다. 플라톤의 어머니 쪽의 친척인 크리티아스와 카르미데스도 소크라테스를 찾아왔었다. 이들은 훗날 혁명의 지도자가 되었으며, 또한 알키비아데스처럼 소크라테스의 훌륭한 명망에 위험스런 존재였다. 글라우콘과 아데이만투스는 플라톤의 형들이었다. 그리고 마지막으로 전쟁이 끝날 무렵, 플라톤 자신이 소크라테스의 친구가 되었다. 플라톤은 자기 가족 중 누군가로부터 소크라테스의 이야기를 듣기 시작했지만 그것이 언제였는지를 잘 기억하지 못했다. 그는 자신이 소크라테스와 대화를 나눌 수 있는 나이가 되기 오래 전부터 소크라테스에 관한 이야기를 듣고 있었다. 그러나 그는 어른이 되어서 소크라테스에게 왔을 때에도 한동안은 그 대화 집단의 가장자리에 머물러 있어야만 했다. 만일 이 시기에 누군가가 플라톤에게 장차 철학자가 되어 철학의 한 학파를 수립하라고 말했다면 그는 크게 웃었을 것이다. 플라톤의 가족 계보를 살펴보면 그에게는 정치적 생활만이 적합할 것 같았기 때문이다. 그의 가족은 입법자 솔론의 후예로서 매우 유서 깊은 가문이었으며, 먼 조상까지 따져 올라가면 바다의 신 포세이돈의 후손인 것으로 되어 있었다. 플라톤은 정치가가 되려고 했다. 그는 물론 가족이 멸시하는 이 전시(戰時)

의 정치가들처럼 무턱대고 덤비기만 하는 사람이 되려고 하지는 않았다. 오히려 조상 솔론처럼 이 도시 국가 전체의 보수적이고도 애국적인 지도자가 되기를 희망했다. 그는 자기 자신 속에서 지도자가 될 수 있는 힘을 느끼고 있었다. 그리고 그의 어머니의 사촌 크리티아스는 아테네의 정세가 보수파에게 다시 유리해지는 대로 그가 정계에 진출할 수 있도록 도와주려 하고 있었다. 그러는 동안 아마도 그는 그림 그리기와 시 짓기를 공부하고 있었을 것이다. 그의 모국어인 그리스 말에서는 작문을 '제작'(制作)이라고 불렀는데 소크라테스에게 언제나 진리에 대한 탐구가 필요했던 것처럼 그에게는 언제나 어떤 종류이든 '제작'이 필요했다. 그런 까닭으로 그는 비록 법률을 제작할 수는 없었다고 할지라도 희곡을 제작할 수는 있었다. 처음에는 그의 정신의 표면을 스치기만 했던 소크라테스의 말들이 알키비아데스의 마음을 찔렀던 것처럼 그의 마음을 찌른 것은 그가 첫 희곡을 제작한 다음이었다(그러나 이것은 아주 오래된 이야기라서 그 진위는 다소 의심할 수 있다). 소크라테스의 말들은 그에게 자기가 이전에 생각하고 행했던 모든 것에 불만을 품게 만들었다. 그의 희곡은 차마 볼 수 없으리만큼 천박하게 느껴져 그는 그것을 불 속에 던져 버렸다. 이후 꽤 여러 해 동안은 다시 희곡을 쓰지 않았다. 그가 비로소 다시 쓰게 되었을 때에는 소크라테스에게서 배운 새로운 양식을 채택했다. 우리가 오늘날 평가하는 것처럼 플라톤을 얻게 된 것은 알키비아데스를 잃은 것보다 더 중요한 일이었다. 그러나 물론 소크라테스에게는 앞날을 예견하는 능력은 없었다. 그리고 전쟁이 계속된 이 여러 해 동안에는 아테네의 어느 누구라도 그리 편안하고 안락한 생활을 누리지 못했다. 특히 부양할 가족이 있지만 이 가족을 먹여 살릴 돈은 적었던 중년 남자, 아테네가 평화로웠던 때의 도덕심보다도 더 높은 정의감을 가지고 무지와 불의에 대항하여 싸울 사명감에 불타 있던 중년 남자는 더욱 그러했다.

 소크라테스와 가족에게는 단지 살아갈 수 있어야 한다는 것이 문제가 된 적이 여러 번 있었다. 전쟁이 계속되면서 한편으로는 전쟁에 못지않게 무서운 전염병이 돌았고, 그 여러 해 동안 모든 물자 — 연료·주택·식량 — 가 부족하였다. 전쟁이 끝날 무렵 아테네가 피난민으로 가득 차고, 페르시아의 황금을 받은 스파르타의 해군이 보스포루스에서 살라미스 만에 이르는 수도를 장악했을 때에는 여러 달 동안 굶주림에 시달려야만 했다. 그때에는 곡식을 실어 나르는 배가 한 척도 들어오지 못했으며 팔 곡식이 없어서 시장이 서지 못할 정도였다. 소크라테스와 크산티페, 그리고 그의 가족들은 전쟁과 전염병과 굶주림에 시달리면서도 용케 살아남았다.

 아테네의 대부분의 사람들도 비슷한 고통을 겪으며 살았다. 그러나 그 당시의 사상가들을 가장 괴롭힌 것, 그리고 소크라테스의 사명을 전보다도 더욱 절실하게 만든 것은 고통과 폭력 사태가 사람들의 마음속에 일으키는 변화였다. 전쟁 기간의 중간에 잠시 불안한 평화가 있기는 했으나 20년 동안이나 전쟁이 계속된다는 것은 지루하고도 괴로운 일이 아닐 수 없었다. 예부터 내려오던 관습이나 점잖은 습관들은 급속히 무너지는 것처럼 보였다(이웃 나라들에게 잠깐 동안의 희생을 치르게 하고서). 아테네 사람들은 훌륭하고 아름다운 일이라면 무엇이든지 할 수 있다고 생각한 페리클레스의 확신은, 권력을 쥔 사람은 누구나 무슨 일이든지 마음대로 할 수 있다고 생각한 알키비아데스의 확신으로 변질되고 있는 것 같았다.

 페리클레스 시대가 인정하고 싶지 않았던 낡은 흠집 — 즉 목적은 수단을 정당화한다는 신념 — 은 전쟁 전의 평화롭던 시절에는 잘 드러나지 않았으나 이제는 바로 이 나라의 기초에서 보기 흉한 흉터를 드러내 보이기 시작하고 있었다. 예를 들어 이 나라가 고립무원의 작은 멜로스 섬의 남자를 모두 죽이고 모든 여자와 아이들을 노예로 삼기로 한 것은 좋지 못한 징조였다. 이러한 결정은 의회에서 아주 공공연히, 그리고 지극히 냉정한 태도로 내려졌다. 악성 전염병이 만연하고 있을 때에도 많은 아테네 사람들은 앓고 있는 친척들을 돌보아 주지 않았으며 죽은 자들의 장례조차 성의를 다하지 않았다. 이것 역시 좋지 못한 징조였다. 페리클레스 세대 사람들은 이런 일련의 일들에 충격을 받았다.

 알키비아데스 세대의 사람들과 그들의 선생인 소피스트들은 아무 것도 믿지 않으며, 어떤 일에도 충격을 받을 이유가 없다고 주장하고 있었다. 소피스트들은 이렇게 말했다.

"선악에 관한 낡은 규칙들은 과거의 겁 많은 사람들이 만들어 낸 것이다. 강한 자는 그런 것들에 얽매일 수 없다."

"자연의 규칙은 짐승들의 행동 양식 속에 잘 나타나 있다. 그 규칙이란 다름이 아니라 '네 자신의 몸을 스스로 아껴라. 그리고 네 자신을 위해서 네가 원하는 것을 취하라'는 것이다. 사람도 이렇게 하려고만 하면 누구나 이렇게 할 수 있다."

품위 있고 좋은 집안에서 자란 아테네 사람들은 소피스트들의 주장에 놀라움을 금할 수가 없었다. 그들은 무슨 대책을 강구해야 되겠다고 생각했다. 어느 날 소크라테스는 아니투스를 만났다. 이 친구는 예전에 자기 집 잔치에 쓰려고 내놓은 금그릇과 은그릇을 알키비아데스가 반이나 가져가 버렸을 때 웃어넘긴 친구였다. 아니투스는 이제는 더 이상 웃지 않았다. 그가 소피스트들을 이 나라에서 쫓아내야 한다고 말하자 소크라테스는 이렇게 대답했다.

"당신은 그들의 의도를 알아내기 위해 그들이 뭐라고 말하는지 잘 들어 본 적이 있습니까?"

"난 그럴 필요가 없소. 그리고 소크라테스, 당신도 돌아다니면서 우리나라의 정치가들을 비판하는 일은 삼가는 것이 좋을 것이오. 그건 위험한 일이오."

아테네에서 소크라테스를 소피스트들과 혼동한 사람은 아니투스 한 사람만은 아니었다.

시인 아리스토파네스가 소피스트들을 반대하는 입장에서 쓴 ≪구름≫이라는 유명한 희곡에서 소크라테스는 악한으로 취급당하고 있었다. 사람들은 소크라테스가 소피스트들의 '생각하는 가게'의 주인으로 등장하는 것을 보고 재미있어 하며 웃어댔다.

그 희곡은 이 가게를 찾아온 한 청년이 신들을 부인하는 것을 배우고, 자기의 부모를 공격하고, 궤변을 늘어놓아 빚을 갚지 않는다는 내용이었다. 사람들은 즐거워하며 웃어댔다. 그리고 그들은 이 희곡을 기억했다. 그러나 그것은 훗날 소크라테스에게 불행을 가져다주고 말았다. 많은 사람들은 오직 그만이 소피스트들을 효과적으로 다루는 방법을 가지고 있다는 사실을 모르고 있었다. 어느 누구도 아니투스가 바란 것처럼 낡은 관습들이 검토되지 못하게 할 수는 없었다. 소크라테스는 이와 같이 낡은 관습들에 이의를 품고 검토하고자 하는 사람들이 좀더 나은 해답을 찾아낼 수 있도록 이끌어 주었다. 그는 정치가 칼리클레스에게 이렇게 물어 본 적이 있었다.

"당신은 병든 몸으로 살기를 원합니까? 그렇지는 않겠지요. 그렇다면 병든 정신을 가지고 살기는 더욱 원하지 않을 게 아닙니까?"

그리고 악이 선보다 더 강력하다고 의기양양하게 주장하는 소피스트 트라시마쿠스에게도 질문을 던졌다.

"사람들을 한데 뭉치게 하는 것이 무엇인지 생각해 본 적이 있소, 트리시마쿠스? 비록 도둑의 무리라 할지라도 저들 속에 어느 정도의 정의감이 없고서야 어떻게 힘 있게 결합되어 있을 수 있겠소? 저들이 단순히 서로 상대방의 물건을 훔치려고만 든다면 과연 재물을 얼마나 취할 수가 있겠소? 그렇다면 악이 스스로 분열하는 나라, 혹은 자기 속에서 무질서하게 대립하고 있는 영혼은 과연 어떠하겠소? 그러므로 악의 결과는 힘이 아니라 분열되어 약하게 되고 마는 것이오."

 나라 밖에서는 군대들이 끊임없이 서로를 공격하고 사람의 마음속에서는 선과 악이 전쟁을 벌이는 동안, 소크라테스는 보통 사람 둘이서 해야만 해낼 수 있는 몫의 일을 하였다. 그는 정치권 밖에 머물러 있었다. 이것은 그의 다이몬, 즉 신의 계시가 그렇게 하도록 명한 것이었다. 하지만 특출한 사람됨 때문에 그는 사람들의 주의를 끌었다.

 전쟁이 끝날 무렵 거센 혼란의 소용돌이가 사회를 휩쓸었을 때, 그는 두 번이나 나랏일의 중심에 나서지 않을 수 없었다. 그리고 두 번 모두 하마터면 목숨을 잃을 뻔했다. 첫 번째는 소아시아의 해변에서 멀리 떨어진 아르기누사이의 큰 해전이 끝난 후 6명의 장군이 재판을 받았을 때였다.

 노예이든 자유인이든 간에 노를 저을 줄 알고 무기를 쓸 줄 아는 아테네 사람이라면 거의 모두 그 전투에 참가하였다. 소크라테스는 이때 이미 66세였기 때문에 수비군으로 집에 남아 있었다.

 그러나 그의 젊은 친구 플라톤은 그 해전에 참가하여 아테네 군의 승리에 한 역할을 담당했을 것이며, 또한 뒤이어 당한 망신도 목격했을 것이다. 사건의 전말은 이러했다. 전투가 끝난 후, 몇몇 장군들이 살아남은 자를 수습하고 싸움터 주변에 떠다니는 파손된 배를 건지는 일에 대해 논의하고 있을 때 별안간 폭풍우가 불어와 결국 바다에 남아 있던 사람은 한 사람도 구출되지 못하고 변을 당했다.

적어도 12척의 아테네 군함이 해안에서 빤히 보이는 거리에서 침몰해 버렸는데도 아무도 손을 쓰지 못한 것이다. 그 군함들은 마땅히 안전 장비를 갖추고 있어야 했음에도 불구하고 그렇지 못했다.

군함들은 속력만 빠르게 낼 수 있도록 만들어져 있을 뿐 구명정이나 구명구가 전혀 갖추어져 있지 않았다. 더군다나 물에 빠져 허우적거리는 사람들을 살리려고 손을 쓴 배가 한 척도 없었다. 승리, 그리고 뒤이은 폭풍우로 인한 인명과 전함의 피해를 알리는 장군들의 편지가 아테네에 도달했을 때 사람들은 크게 놀랐고 분노했다. 그래서 전투에 참가한 9명의 장군들의 지휘권을 박탈하고 소환하여 재판에 회부했다.

장군들 가운데 한 사람은 이미 세상을 떠난 뒤였고, 두 사람은 고국에 돌아가지 않기로 결심했다. 돌아온 나머지 6명 —— 그 중 한 사람은 페리클레스와 아스파시아 사이에서 난 아들이었다 —— 은 모두 유명한 공무원이었다. 이들은 아테네로 돌아오자 예비 심문을 위하여 '5백인 위원회'에 상황을 보고하라는 명령을 받았다. '5백인 위원회'는 의회에서의 심의를 위해 일을 준비하는 큰 집행위원회였다.

소크라테스는 마침 추첨에 의하여 그 해의 위원의 한 사람으로 선출되어 있었다. 더욱이 그는 그 달 의장 일을 맡아 보고 있던 자기 부족의 50인 위원의 한 사람이었다. 그는 이 관직을 맡은 사람들이 쓰는 도금양(桃金孃 : 남유럽 산의 방향성(芳香性)의 상록 관목)의 나무로 만든 화관을 썼으며 매일 시청에서 지냈다. 의장단의 위원들은 시청에 모여서 회합하며 식사를 하곤 했다. 크산티페는 틀림없이 이것이 큰 절약이라고 생각했을 것이다. 그리고 그는 가끔 밤에도 시청에서 지냈다. 의장단 중의 몇 사람은 긴급한 일에 대비하여 언제나 시청에서 대기하도록 되어 있었기 때문이었다.

이 위원회에서 1차 심문을 받은 후 그 6명의 장군들은 의회에 출두하였는데, 여기서 흥분된 사태가 발생하였다. 원고는 장군들의 부하의 한 사람으로서 선장 노릇을 하던 테라메네스였다. 그는 교활한 정치배였다. 장군들은 이 사람에게 구조의 임무를 명했는데, 아마도 명령이 너무 늦게 내려졌던 것 같다.

소크라테스는 사람들의 진정한 동기에 주의를 기울이곤 했기 때문에 테라메네스가 장군들에 대하여 그토록 사납게 날뛰는 이유를 미루어 짐작할 수 있었다.

테라메네스는 누군가가 책임을 져야 한다는 것을 알고 있었고 그 책임이 자기에게 돌아올지도 모른다고 생각하여 두려웠던 것이다. 다른 사람들도 테라메네스가 사사로운 동기를 가지고 재판에 임하고 있다는 것을 아마도 알고 있었을 것이다.

하여간 그의 긴 고소의 말이 끝나고 증인들이 나와서 그 당시의 폭풍우의 상태를 묘사하며 구조 작업의 어려움을 설명했을 때, 대다수의 사람들은 장군들이 무죄 선고를 받는 것이 마땅하다고 생각하기 시작했다. 그러나 이때에는 이미 날이 너무 저물었기 때문에 사람들이 찬반의 의사 표시로 쳐든 손을 잘 알아볼 수 없는 형편이었다.

누군가가―아무도 그가 누구인지 알 수 없었다―이 소송 사건을 다시 위원회에 돌려보내 재심을 하게 해서 다음 의회 때 보고하도록 하자는 제안을 했다. 다음날부터는 사흘간의 '가족 제전'이 시작될 것이었으므로 그 휴일이 끝난 다음에 이 사건을 다시 취급하면 매우 냉혹한 처분이 내려질 것이었다.

그날 저녁 집으로 돌아갈 때, 소크라테스는 낮에 매우 흥분된 일이 있었음에도 불구하고 도시가 조용한 것을 보고 기뻐했다. 다만 여기저기서 간간이 통곡 소리가 들려 올 뿐이었다. 몇몇 가정만이 바다에서 목숨을 잃은 아들이나 형제를 위해 슬퍼하고 있었다. 소크라테스가 어떤 집 앞을 지날 때였다. 그 집의 문이 열리고 두 남자가 횃불을 치켜든 아이를 데리고 밖으로 나왔다. 문 안쪽에서 삭발을 한 죽은 이의 가족이 검은 옷을 입고 그림자처럼 서 있었다. 두 남자는 그에게 안녕히 주무시라고 인사를 하고는 거리로 내려갔다.

소크라테스는 그 두 사람을 모두 알고 있었다. 한 사람은 칼리크세누스로 시 위원회의 유력한 위원이었고, 다른 한 사람은 테라메네스였다. 다음날과 그 다음날, 그리고 또 그 다음날, 테라메네스는 더 많은 집을 방문하였다.

도시 주변에서는 날이 갈수록 검은 옷을 입은 사람의 모습을 더 많이 볼 수 있었다. '가족 제전'은 원래 매우 즐거운 잔치였다. 부족들이 각기 만찬을 나누며 새로 출생한 아이와 그 해에 성년이 된 사람에게 축하를 보내는 잔치였는데, 이 해의 '가족 제전'은 이전과는 사뭇 달랐다. 사람들은 죽은 자의 영혼들이 땅

속에 잠들지 못하여 명부(冥府)에서도 쉬지 못하고 떠돌아다니면서 복수를 해달라고 소리를 지르고 있다는 것이었다. 나흘째 되던 날, 아침 위원회가 소집되어 여섯 장군의 사건을 다시 다루게 되었을 때, 위원회의 회의장 주변에는 검은 옷을 입은 유가족들이 모여 수군대고 있었다.

그때 칼리크세누스가 일어나 발언을 했다.

"우리는 6명의 장군들에 관한 이 불행한 문제를 너무 오래 지체했습니다. 많은 증거가 제시되었고 분노한 아테네 시민들은 빨리 결정을 내리라고 요구하고 있습니다. 그러므로 나는 의회가 즉시 투표할 것을 제안합니다. 투표함을 2개 마련하되, 하나는 유죄에 대한 것으로 하고, 다른 하나는 무죄에 대한 것으로 합시다. 그리하여 단 한 번의 투표로 장군들 모두를 무죄로 방면하거나 유죄로 선고합시다."

칼리크세누스가 제안한 결의안은 불법적인 것이었다. 소크라테스는 그의 제안을 듣고 큰 충격을 받았다. 그리고 며칠 뒤 그것이 다시 의회에 상정되었을 때에는 더 큰 충격을 받았다. 칼리크세누스의 발언이 끝나자 회의장 문가에 모여 있던 군중들이 떠들기 시작했으나 회의장에서의 토론은 길게 계속되었고 갈수록 열기를 더해 갔다.

아테네의 법률에 의하면 재판에 회부된 자는 누구나 증인을 내세워 자기의 사정을 충분히 밝힐 수 있는 권리와 개인마다 개별적으로 재판을 받을 권리가 있었다. 재판을 받고 있는 장군들 중 한 사람은 그 자신 역시 파손된 배에 타고 있었다. 어떻게 그에게 다른 사람과 마찬가지로 유죄 판결을 내릴 수 있단 말인가?

그러나 칼리크세누스는 고집을 부렸다. 군중은 회의장 어귀에 몰려들어 야단법석이었고, 모든 위원들은 각기 자기는 많은 사람들 가운데 한 사람일 따름이요 이 투표는 판결이 아니라 권고일 따름이라고 자위하는 형편이었다.

칼리크세누스의 제안에 반대한 사람은 소크라테스와 몇몇 사람뿐이었으며, 그들은 소수파로 몰려 있었다. 이 소송 사건은 칼리크세누스의 권고안과 함께 의회로 회부되었다. 검은 옷을 입은 사람들의 무리 또한 의회로 몰려갔다.

소크라테스는 연단 위에 있는 자기 자리에서 이 광경을 내려다보았다. 그에게 그날의 아테네 의회는 지금까지 경험한 어떤 악몽보다도 끔찍한 악몽처럼 느껴졌다. 연단 아래에 있는 선량한 친구들과 이웃 사람들의 얼굴마저 이상하게 보일 정도였다. 아니, 연설이 시작되기 전부터 어떤 광적인 정신병이, 연단의 층계 둘레에 모여 있는 검은 옷을 입은 사람들로부터 뒤에 자리 잡고 앉아 있는 군중들에게로 소리 없이 퍼져 나가고 있는 것 같았다.

그때 소크라테스의 곁에는 소크라테스 이웃 구에서 나온 위원인 선량한 노인 아리스토게네스가 앉아 있었다. 그는 안타까운 표정으로 지팡이를 만지작거리면서 이렇게 말했다.

"예전의 저들은 이렇지 않았는데, 시칠리아에서 패전한 그 불우했던 시절에도 말일세. 칼리크세누스의 한심한 제안이 정말 투표에 붙여지게 될 모양이군. 그렇게 되면 우리는 어떻게 해야 하는가?"

 낡은 정화의 의식을 따라 젖먹이 새끼돼지가 회의장 주변에 끌려와 있었다. 개회 기도를 올리고 이 의회에서 정한 법률에 어긋나는 행동을 하는 자는 누구나 저주를 받을 것이라는 주문이 외어진 후 전례관이 칼리크세누스의 제안을 읽어 내려갔다. 장군들의 친구 가운데 한 사람이 일어나서 그것은 불법이라고 선언하자 그는 격노한 사람들에 의해 연단에서 거의 끌려 내려가다시피 하여 쫓겨났다. 어떤 인기 있는 웅변가가 목청을 높여 선동했다.

"그를 장군들과 함께 사형에 처하시오. 그들을 모두 함께 처벌하시오!"

"옳소!"

 군중들은 그의 말이 끝나자 소리를 질러댔다.

 그러는 가운데 죽은 친구들로부터의 메시지를 가져왔노라고 주장하는 한 수병이 사람들에게 밀려 연단에 올라섰다. 그가 말했다.

"나는 전투가 끝난 뒤 여러 시간 동안 물 속에 있었습니다. 나는 밀가루 통에 매달려 가까스로 살아 나왔는데 내 친구들은 죽기 전에 나에게 자신들의 말을 전해 달라고 부탁했습니다. 그들은 이렇게 말했습니다. '아테네 사람들에게 고해 다오. 전투가 끝난 다음에, 나라를 위해 모든 것을 바쳐 싸운 후에 우리가 죽어 갔다는 것을 아테네 사람들에게 전해 다오. 장군들이 우리를 죽게 했다.'"

 그 수병의 얼굴에는 하염없이 눈물이 흘러내리고 있었다. 군중의 고함 소리는 노도와 같이 거칠었다. 장군들에게는 죄가 있건 없건 아무런 희망이 없게 되었다. 연단 가까이에 있던 소크라테스는 이 끔찍한 과오가 진행되고 있는 것을 생생히 보고 듣지 않을 수 없었다. 그는 군중 속에 있는 거의 모든 사람들을 잘 알고 있었다. 그들은 대체로 친절하고 점잖은 사람들이오, 자녀를 사랑하는 온화한 사람들이었고, 노예에게도 무척 공평한 사람들이었다. 그들 가운데 몇몇 사람들이 잘 기억하고 있는 바와 같이, 그들은 조국을 위해 모든 것을 버리고 싸워 왔었다. 그랬던 사람들이 지금 여기에서는 조국과 자기 자신과 자녀들과 맞서 싸우고 있는 것이었다. 그들은 무엇엔가 씌인 듯 갑자기 눈이 먼 모양이었다. 그들은 옳은 이치와 정의와 개인에 대한 존경심을 파괴하려 하고 있었다.

 지난날의 아테네는 이것들을 지키기 위해 그토록 오랜 세월을 싸워 오지 않았던가! 문제는 이제 6명의 장군들이 처형을 당하느냐 마느냐 하는 것보다 훨씬 더 큰 것이 되어 있었다. 소크라테스는 아리스토게네스에게 몸을 기대며 말했다.

 "나는 이 안건에 대한 심문을 거부하려고 하네. 자네도 나와 함께 그렇게 하지 않겠나? 우리가 거부하면 저들은 투표를 할 수 없을 거네."

 아리스토게네스의 얼굴이 창백해졌다. 그도 그렇게 할까 하는 생각을 하기는 했지만 그로서는 행동에 옮기기가 무척 어려운 일이었다.

"자네 미쳤나, 소크라테스! 어차피 장군들은 죽을 것이고, 만일 자네가 개입한다면 자네도 그들과 함께 처형당할지도 모르네."

소크라테스는 천천히 말했다.

"내가 생각하고 있는 것은 장군들의 문제가 아니야. 나는 지금까지 내내 저 아래에 모인 사람들의 얼굴을 쳐다보고 있었네. 그들은 대부분 제 정신이 아니야. 나머지 사람들은 두려워하고 있고 말이야. 우리는 모두 어차피 언젠가는 죽는다네. 이 일은 어떻게든 멈추게 해야 하네. 적어도 우리는 법률을 준수하겠다고 맹세를 한 몸이 아닌가? 자네, 나와 같이 행동하려나?"

"난 영웅이 아닐세. 그리고 난 아내와 아이들을 생각해야만 하네."

아리스토게네스는 이렇게 말했다. 그러나 소크라테스가 일어섰을 때 아리스토게네스도 따라 일어섰다.

그 후 무슨 일이 일어났는지는 잘 이해하기가 어렵다. 소크라테스가 일어서서 항의를 했을 때 그의 주위에는 비록 적은 수였지만 그와 뜻을 같이하는 의장들 그룹이 있었음이 드러났다. 그들은 무슨 일이 발생할지 잘 알고 있었을 것이다(그들은 장군을 두둔하던 장군들의 친구가 어떤 봉변을 당했는가를 똑똑히 보았을 것이다). 하지만 그들은 일어서서 이 소송이 칼리크세누스의 제안대로 처리되는 것을 거부했다. 이런 그들에 대한 군중의 압력은 대단했을 것이다.

얼마 지나지 않아 이 용감하고 정직한 사람들은 차례차례 반대를 포기하지 않으면 안 될 상황까지 몰리게 되었다. 소크라테스만이 홀로 남았다. 그는 자기는 법률에 복종하기를 맹세했으므로 어디까지나 법률에 복종할 수밖에 없다고 주장했다. 사실 그는 자기 말대로 끝까지 버텼다. 하지만 소크라테스는 평상시와 마찬가지로 그날 밤 무사히 크산티페가 있는 집으로 갔다. 목숨도 잃지 않았을 뿐만 아니라 어느 한 곳 상해도 입지 않은 자유인의 몸으로 집으로 돌아갔던 것이다.

물론 그의 항의에도 불구하고 재판은 진행되었다. 투표가 실시되었다. 테라메네스와 칼리크세누스의 주장이 관철되어 장군들은 곧 처형을 당하게 되었다. 그러나 만약 이 재판정에서 이상한 일이 생기지 않았더라면 그곳에서 소크라테스가 살아남기는 힘들었을 것이다. 아마도 사람들이 악몽에서 깨어났기 때문인지도 모른다. 잠시 동안이나마 품위를 지켜야겠다는 의식이 군중에게 되돌아왔던 것인지도 모른다.

분명히 아테네 사람들은 투표가 끝난 지 얼마 지나지 않아 자기들이 저지른 일에 대하여 부끄럽게 생각하기 시작했다. 이로 인하여 그들은 자기들의 그릇된 행동에 대해 문책해야만 했을 때 그 대가로 칼리크세누스를 벌하였다. 이 문책에는 소크라테스의 주장이 어느 정도 영향을 주었을 것이다. 그리고 그로부터 오랜 시일이 지난 후에도 몇몇 아테네 사람들은 ─ 아주 극소수였겠지만, 소크라테스에게는 단 한 사람이라도 족했다 ─ 그 날 그들이 본 것을 기억하고 자녀들에게 이야기해 주었을 것임에 틀림없었다.

두 번째의 사건은 길게 이야기할 것이 없다. 전쟁이 아테네의 패배와 항복으로 끝났을 때 스파르타의 장군은 테라메네스로 하여금 아테네에 독재 정부를 세우게 했다. 테라메네스와 나머지 29명 — '30인'이라고 불리었다 — 은 의회를 해산하고 통치자로 들어섰다. 이 사람들은 스파르타와 가깝게 지내거나 적어도 민주주의에 반대해 온 것으로 널리 알려진 사람들이었다. '매질쟁이'라는 별명을 얻은 그들은 자신들의 경찰만으로는 반대파들을 때려눕힐 수 없다는 것이 분명해지자, 스파르타의 장군은 스파르타 군인으로 구성된 600명의 수비대를 보내 주었다. 수비대는 아크로폴리스에 주둔하며 '30인'의 명령을 수행했다. 스파르타의 군인들은 오히려 '30인'에게 파멸을 가져 왔다. 그 이유는 첫째로 아테네 사람들은 누구나 그들을 증오했기 때문이요, 둘째로 아테네 사람들이 그들에게 봉급을 지불해야 했기 때문이었다. '30'인에게 돈을 구하는 쉬운 길은 빼앗는 것이었다. 그래서 그들은 차츰 더 악한 짓을 할 수밖에 없게 되었다. 그들은 처음에는 정적을 죽였고, 다음에는 정적일지도 모르는 사람들, 즉 그러한 의혹이 조금이라도 있는 사람들을 죽였다. 그리고 마지막에는 정치와는 아무 상관이 없는 부자들을 죽이고 돈을 빼앗았다.

그들은 이러한 사람을 체포할 때 신앙이 있는 사람들을 강제로 체포에 참여하게 하여 자기들의 범죄에 관련을 갖게 하였다. 그리하여 나중에는 어쩔 수 없이 '30인'을 지지하게 만든 것이었다.

물론 오래지 않아 '30인'은 결국 실각하고, 민주주의가 회복되기는 했지만, 이렇게 되기까지는 수백 명의 무고한 사람들이 살해되었고, 또 수백 명의 사람들이 살인자가 되었던 것이다. 그 공포 정치가 절정에 달했을 때, 소크라테스는 다른 네 사람과 함께 '30인' 앞에 불려 나와 어떤 사람을 체포하라는 명령을 받았다. '30인'은 시청에 자리 잡고 있었는데, 그들에게는 여러 부서가 조직되어 있었고 그 사무실들은 위원회의 회의실 가까운 곳에 있었다. 그들은 표면상으로는 위원회를 운영해 나가게 했으나 그 위원회를 모두 자신들에게 동조하는 사람으로 구성했다. 체포된 사람들을 심리하는 법정으로 그 위원회를 사용하기로 했다. 그들은 이 위원회조차 믿지 못하여 체포된 사람의 심리에는 직접 참석하여 아무도 무죄로 석방되는 사람이 없도록 감시하였다.

소크라테스는 예전에도 한 번 '30인'에게로 끌려가서 그의 '가르침'을 그만두라는 명령을 받았다. 그는 이 명령에 복종할 필요가 없다고 생각했기 때문에 가르침을 계속했던 것이다. 그래서 다시 소환장이 오게 된 것이었는데, 그날 밤 무사히 집으로 돌아가 저녁을 먹을 수 있게 될지는 알 수가 없는 일이었다. 소크라테스는 '30인'의 몇 사람을 잘 알고 있었다. 물론 그는 테라메네스를 여섯 장군의 사건 때부터 잘 알고 있었다. 또 크리티아스는 더 잘 알고 있었는데, 이 사람은 플라톤의 어머니의 사촌으로서 독재정치가 더욱 심해짐에 따라 그보다는 온건한 편인 테라메네스로부터 영토권을 빼앗기 시작하고 있었다. 여러 해

전에 크리티아스는 소크라테스의 대화 집단에 속해 있었다. 그러나 그의 마음을 끈 것은 소크라테스의 사상이 아니라 토론에 있어서의 능숙함이었음이 분명했다.

소크라테스는 그 자리에 플라톤이 없음을 보고 기뻐했다. 플라톤의 삼촌 카르미데스는 크리티아스에 동조하여 '30인'에 속해 있었으나 플라톤은 가담하기를 거부했던 것이다. 소크라테스와 다른 네 사람이 '30인'으로부터 받은 명령은 그들보다 앞서 많은 권세 없는 사람들이 받은 명령과 비슷한 것이었다.

즉 항구로 내려가서 배를 타고 살라미스 섬으로 건너가 '반역자' 레온을 체포하여 위원회로 끌고 와서 재판을 받게 하라는 것이었다. 물론 '30인'은 그런 말을 하지 않았지만, 레온은 매우 부유한 사람이었다. 그리고 그가 유죄 선고를 받고 처형당할 것은 분명한 사실이었다. 사실 그는 처형되었다. 명령을 받은 다른 네 사람이 레온을 체포해서 '30인'에게 넘겨주었던 것이다. 소크라테스는 그냥 집으로 돌아갔다. 소크라테스는 다른 사람들처럼 명령에 복종하지 않으면 어떤 처벌을 받게 되는지를 익히 잘 알고 있었다. 그와 크산티페와 아이들은 스파르타 수비군이 요란한 발자국 소리를 내며 자기 집으로 오지 않을까 하여 마음을 졸이고 있었을 것이다. 그러나 무슨 이유에서인지 발자국 소리는 끝내 들리지 않았다. 테라메네스가 목숨을 걸고 이의 집행을 막았다는 사실이 얼마 안 가서 알려지게 되어 모든 아테네 사람들을 놀라게 했다. 이때의 일을 역사책에 기록한 플라톤의 친구 크세노폰은 테라메네스가 결국 위원회에서 자기 변론을 하게 되었을 때, 살라미스의 레온 사건을 특히 마음에 두고 그 일을 처리한 것이라 생각했다.

  테라메네스는 실각했다. 크리티아스가 그를 죽였다. 그리고 유배 당했던 민주주의자들이 이겨 아테네로 되돌아오게 될 때까지 공포 정치는 계속되었다. 그러나 다시 한번 일어난 이상한 일 덕분에 소크라테스는 무사하였다.

제 11 장

법정에 선 소크라테스

95회 올림피아 기(紀)의 첫 해, 기원전 399년, 소크라테스는 70회 생일을 맞았다. 그는 페리클레스 시대를 살았고, 스파르타와의 오랜 전쟁으로 인한 무서운 동란을 겪었으며, 혁명과 독재의 시기를 거쳐 이제 민주주의가 회복되어 평화로워진 첫 해를 맞이한 것이다.
  이 해, 즉 기원전 399년의 아테네의 모습은 표면상으로는 전쟁을 상기시키는 것이 그다지 눈에 띄지 않았다. 4년 동안, 아무런 장애 없이 곡식을 실은 배가 살라미스 만에 들어왔고, 시장에는 물건들이 가득 쌓여 있었으며, 사람들의 표정은 한결 밝아 보였다. 4년간의 평화는 페이라에우스에서의 시가전이 남긴 상처를 씻어 주었다. 유배당한 민주당원들이 페이라에우스에서 시가전을 벌여 아테네로 돌아올 수 있는 길을 텄던 것이다. '30인'의 최후에 성채(城砦)는 2년 전에 마침내 항복했고, 아테네는 다시 민주주의 국가가 되었으며, 배심원들은 공정하게 배정되었다. 의회는 자주권(自主權)을 되찾았으며 모든 시민들은 평화를 지킬 것과 과거의 일들을 잊어버릴 것을 맹세했다. 플라톤은 그때 28세였다. 무엇인가 자기의 생애를 바쳐 추구할 만한 것을 찾고 있던 그는 마침내 정계에 투신할 것을 진지하게 생각하기 시작했다. 이제 그에게는 아테네가 폭도의 정치와 전제 정치를 물리치고 다시 품위 있는 사람들을 위한 곳이 된 것처럼 보였다.

물론 표면을 뚫고 들어가 속을 들여다보면 내란의 상처가 그리 쉽게 아물고 있는 것은 아니었다. 아테네 사람이면 거의 누구나 전쟁 이전의 상태로 회복되기를 원했지만 진실을 말하자면 어느 것 한 가지도 그렇게 될 수 없었다. 거의 모든 아테네의 가정에는 혼란 상태가 계속되고 있었다. 많은 사람들이 재산을 되찾기를 원했다. 또 많은 사람들은 살해된 형제나 아들의 복수를 원하고 있었다. 원한은 잊혀진 것이 아니라 깊이 사무치고 있었던 것이다. 이 도시의 절반은 '30인'의 범죄에 가담하고 있었고, 나머지 절반은 유배를 당하거나 인명과 재산의 손실을 당하는 고통을 겪어 왔다. 만일 이 두 편의 사람들이 서로 함께 살 수 없다고 생각한다면 이 도시, 이 나라는 얼마 안 가서 없어지게 될 형편이었다.

사람들이 바라고 원하는 것이 많으면 많을수록 공포감도 극심했다. 대다수의 사람들은 무엇보다도 평화를 교란하는 것이라면 덮어 놓고 두려워했다. 민주주의가 회복된 초기의 여러 해 동안 나라를 다스렸던 정직하고 보수적인 애국자들은 또한 대다수의 시민들과 마찬가지로 평화를 교란하는 모든 것을 두려워했다. 그들은 평화를 위해 온갖 노력을 다했다. 그들은 스파르타 사람들에게도 공손하게 대했으며, 아테네 제국의 패배를 참을성 있게 견뎌냈다. 많지 않은 국고를 털어 혁명 때부터 스파르타에 지고 있던 빚을 서둘러 갚았다. 그들은 평화를 유지하기 위하여 자기 자신들의 이익조차 희생시켰다. 그들 중 한 사람인 애국자 아니투스는 유배당한 동안에 매각된 재산을 다시 찾기를 포기함으로써 모든 시민의 칭송을 받았다.

 다른 사람들에게도 마찬가지로 희생이 요구되었다. 과거의 쓰라린 일들을 잊어버리기로 한 맹세를 맨 처음 깨뜨린 사람은 위원회가 내린 사형 선고를 받고 즉각 처형되었다. 그러나 많은 사람들은 이것을 못마땅하게 여겼다. 왜냐하면 법정과 의회만이 사형 선고를 내릴 권한을 가지고 있었기 때문이다. 이 사건은 그 당시의 사회적 분위기가 어떠했는지를 단적으로 보여준다. 소크라테스의 친구요 평론가였던 아리스토파네스 같은 희극 작가들은 당시의 정치에 대해 즐겨 논했고, 정치가들을 조롱하기를 좋아했지만, 되도록이면 말썽을 일으킬 소지가 없는 주제를 택했다. 이제 아테네에서 '비판'은 그다지 환영받는 것이 못 되었다. 그것은 비애국적인 일로 간주되고 있었다.

 물론 소크라테스는 예전과 다름없이 자기 일을 계속해 나갔다. 그는 언제나 질서 있는 나라를 원했고, 법률에 따르는 것이 옳다고 생각했지만, 단지 아테네의 표면적인 평온함을 위하여 사람들의 입을 막는 일이 옳다고는 생각하지 않았다. 여러 해를 거치며 해왔던 작업을 통하여 그는 선에 관한 진리가 사람들의 마음의 표면 밑에서 기다리고 있음을 깨닫게 되었다. 그것은 마치 그의 아버지가 돌의 표면 밑에서 사자의 머리를 본 것과도 같았으며, 훌륭한 석수처럼 자신이 본 것을 드러내기 위해 그 표면을 쪼아내는 것과 같았다. 다만 훌륭한 석수처럼 그 표면을 쪼아내려고 하면 사람들은 처음에는 이것이 무엇인가 혼란을 일으키며 두려워하는 것이었다. 그는 이러한 일에 익숙해졌다.

진리는 모든 사람들에게 공통된 것이요, 한 번 진리를 보게 되면 진리는 그 자체의 힘으로 평화와 사람들의 동의에 반드시 이르게 하는 것이다. 그는 계속해서 진리를 추구해 나갔다.

아마도 소크라테스는 심각한 말썽이 일어나리라는 것을 예상하지 못했던 것 같다. 하지만 미리 그러한 일을 예상했다 할지라도 그는 그것에 그다지 주의를 기울이지 않았을 것이다. 심지어 크리톤조차도 설마 그런 일이 일어나랴 생각하고 있었을 것이다. 크리톤과 소크라테스는 살아오는 동안 여러 차례 험한 고비를 잘 넘겨 왔다. 그리고 그 당시의 아테네는 평화로웠고 법률이 잘 지켜지고 있는 나라였다.

그러던 어느 날 소문이 돌고, 소문은 곧 정확한 소식이 되어 순식간에 아테네 곳곳에 퍼졌다. 소크라테스가 법정에 불려 가서 재판을 받게 되었는데, 목숨이 위태롭다는 것이었다.

소문 뒤에는 다음과 같은 사실들이 있었다. 소크라테스는 아테네가 신봉하는 신들을 믿지 않고, 다른 어떤 다른 신들을 믿고 있으며, 청년들을 타락시킨다는 이유로 고소를 당했다는 것이었다. 이것은 결코 대단한 사유가 못 되었지만 교묘하게 말하는 사람에게 이용당한다면 어떤 방향으로든 왜곡될 수 있는 위험한 내용이었다. 정식 고소인은 멜레투스라는 청년이었는데, 이 청년에 대해서 잘 아는 사람은 아무도 없었다. 그러나 그는 이미 그 해에 또 다른 한 사람을 불경죄로 고소한 적이 있었다. 법정에서 그를 공식적으로 지지하는 두 사람은 멜레투스보다 좀 더 비중 있는 사람이었다. 한 사람은 웅변가 리콘이었고, 또 한 사람은 정치가요 정직한 애국자인 아니투스였다. 아니투스가 고소인의 한 사람이 됨으로써 소크라테스가 살아날 수 있는 희망은 극히 희박해졌다.

이 소송 사건은 그 달 안으로 501명의 배심원으로 구성되는 큰 배심에 상정하게 되어 있었다. 하지만 재판하는 날까지 누가 배심원이 될 것인지 정확하게 아는 사람은 한 사람도 없었다. 일단 소송 사건이 법정에 제소되면 단 하루 만에 처리되는 것이 보통이었다. 단 한사람이 많은 과반수로도 소크라테스를 유배 보내거나 사형에 처할 수 있었다. 어떠한 선고를 내리건 법정이 선고한 것은 그대로 수행되어야만 했다. 그런데 멜레투스는 사형을 요구하려 하고 있었다. 소크라테스는 자기의 전 생애가 옳음을 동포들에게, 적어도 251명에게 증명하는 데, 하루, 아니 하루보다 훨씬 적은 시간을 허락받고 있는 셈이었다. 그 시간은 법정에 있는 물시계로 따져 보면 몇 시간밖에 되지 않았다.

아테네에서는 소송 사건이란 언제나 흥미 있는 이야깃거리였다. 시장에서 쑥덕거리는 소리를 들어 보라. 비록 소크라테스가 오늘 아침에 그곳에 있지 않았어도 어디에서나 그의 이름이 오르내리고 있었다.

생선 시장의 좌판 옆에서도 이런 이야기를 들을 수 있었다.

"자네 생각은 어떤지 모르지만, 난 여러 해 동안 이런 일이 일어나리라고 예측하고 있었다네. 아니투스는 아주 옳아. 어떠한 나라에서건 젊은 사람들이 부모를 비판하는 것을 그냥 내버려 둘 수는 없는 일이네. 알키비아데스의 종말을 보았을 때 우리는 깨닫는 바가 있어야 했던 거야. 크리티아스와 그의 부하들의 일까지 기다려 볼 필요도 없이 말이야. 소크라테스란 인물은 아주 위험천만한 사람이야. 스파르타에서라면 아마 두 주일도 못 살았을 걸세."

푸줏간에서는 다음과 같은 쑥덕공론이 있었다.

"아닐세, 그 일이 생겼을 때 물론 나는 그 자리에 없었네만 내가 듣기로는 아니투스의 아들에 관하여 어떤 문제가 있었다고 하더군. 내가 알기로는 그가 자기 아버지의 직업인 무두질하는 일을 이어받기를 싫어했다는 거야. 그리고 소크라테스가 이 일에 관해서 아니투스에게 무슨 말을 했는데 이 노인이 그만 자제심을 잃고 말았다는 거야. 그래서 소리치기를, 자기 아들은 자기 직업을 이어받아서 자기가 말한 대로 될 것이라고 했다고 하네. 하여간 이 비슷한 말을 하면서 몹시 화를 냈다는 거야. 그런데 그의 아들은 그 때부터 술을 마시기 시작했고, 아니투스는 그것이 모두 소크라테스의 탓이라고 생각하게 되었다는 거야. 내 생각은 어떠냐고? 글쎄. 누구나 다 아니투스는 위대한 정치가라고들 하지. 사실 그렇기도 할 테고, 그러나 나는 그가 내 아버지가 아닌 게 퍽이나 다행스럽다네."

은행인의 책상 앞을 지나면 이런 말이 귀에 들려왔다.

"자넨 그 이야기 속에 예전에 알키비아데스에 관하여 말다툼한 것이 조금이나마 연관되었다고 생각하나? 난 그런 이야기를 들었는데 ······."

기름을 파는 집에서는 또 이런 말을 하고 있었다.

"그 사람은 일흔 살이라고 하던데, 아내도 있고 아들도 셋이나 있다더군. 그 늙은이를 그냥 내버려 둘 수도 있었을 텐데. 난 전에 한번 그와 이야기를 나눈 적이 있다네. 그는 아주 단순한 일들에 관해 이야기를 했어. 자네가 서 있는 바로 그 자리에 서서 말일세. 하지만 소피스트들처럼 장황하게 말을 늘어놓지는 않더군. 그날 우리는 시간이 많지 않았어. 그 후로도 시간이 없었지. 그러나 가게를 닫고 갈 수만 있다면 난 재판하는 데 가 보려고 하네."

제우스 신전의 어귀를 오르내리는 사람들도 이런저런 말을 주고받았다.

"크리톤, 우린 어떻게 할 건가? 배심원에게 동정심을 불러일으키기 위해 크산티페와 아이들에게 상복을 입히려고 했을 때 그가 보인 태도를 자네도 보았지. 그는 누구나 다 하는 조심조차도 하지 않는 것 같았어. 법정에 가서는 말을 잘 해야 할 텐데. 리시아스가 그를 위해 써주겠다고 한 변론문을 그가 받아들이지 않겠다고 한 것은 잘한 일인지도 몰라. 그렇지만 난 그가 글을 쓰는 것을 보지 못했어. 저기를 좀 보게! 오늘 오후 그리고 내일, 그리고 또 그 다음날, 그는 아마 재판을 하는 날까지도 체육관에 갈 걸세. 그는 저 젊은 사람들을 위해 자신을 죽일 걸세. 그런데 저들은 그의 새끼손가락 하나만큼의 가치도 없는 자들이 아닌가! 우리도 다 그렇지만……. 오, 크리톤, 우리는 어떻게 해야 하나?"

그리고 아니투스의 집에서는 이런 말이 오갔다.

"내 말을 좀 듣게나, 리콘. 우리는 이 사건에서 과오를 저질러서는 안 되네. 이 일을 섣불리 다루다 도리어 그 사람을 영웅으로 만들기라도 한다면 차라리 처음부터 손을 대지 않은 것만 못해. 멜레투스를 너무 믿고 의지하지 말게. 만일 소크라테스가 그를 이리저리 질문하는 데로 끌어들이게 되면 언제든 혼란에 빠뜨릴 수 있을 테니까."

"이리저리 질문하는 건 좀 색다른 일이 아닌가, 아니투스?"

"그럴지도 모르지. 그러나 그게 소크라테스의 방법이야. 그리고 그는 반드시 그렇게 할 거야. 그 사람이 얼마나 완고한지 아마 자네는 모를 걸세. 하지만 우리가 바로 그 점을 잘 이용하기만 한다면 사람들에게 그를 반대하는 생각을 가지게 할 수도 있을 걸세. 우리의 민주주의에서는 다수파의 의견이 제일 옳은 것이라고 말해서 그를 조금 자극해 보게. 그리고 만일 다수파가 그의 가르침을 그릇된 것이라고 생각한다면 그도 역시 그것이 그릇된 것이라고 동의할걸세. 그렇지, 리콘, 자네에게 미리 주의를 주네만, 알키비아데스나 크리티아스의 이름을 언급하지 말게. 또 '30인'이 몰락하기 전에 있었던 일에 대해서 비난하지 말게. 자네도 잘 알고 있겠지만, 그것은 법률로 금하고 있는 거야."

"그러나 아니투스, 알키비아데스나 크리티아스를 끌어들이는 것이 우리에겐 가장 유리하지 않은가, 그렇지 않은가?"

"미안하네, 리콘. 그러나 나는 이렇게 주장하고 싶네. 물론 자네가 암시하고 싶은 것이 있다면 얼마든지 암시해도 좋아. 그러나 그 법률은 좋은 법률이야. 그 법률이야말로 아테네를 몇 해나마 단결시킬 수 있는 유일한 희망이야. 우리는 이 나라의 평화를 파괴하는 사람에 대해 싸우고 있기 때문에 우리 자신이 그것을 파괴해서는 결코 안 되는 것일세. 우리는 그 사람이 자신에 대한 자랑으로 자기 목을 졸라매게 하세. 그런데 자넨 시장에서 사람들이 하는 말을 들어 보았나? 사람들은 이미 알키비아데스에 관하여 생각하고 있다네. 그들에게 다시금 그 일을 상기시킬 필요는 없다고 보네."

 선량한 아테네 사람들은 이렇게 이야기하고, 희망하고, 두려워하고, 의아해 하고, 계획을 세웠다. 어떤 사람들은 선의를 가지고, 또 어떤 사람들은 악의를 가지고 그렇게 했다. 그러나 사태의 본질을 이해하는 사람은 극히 드물었다. 소크라테스는 예비 심문을 받고 돌아오자 평소 때와 마찬가지로 체육관으로 내려갔다. 어떤 사람이 그에게 재판받을 때의 변론문을 언제 준비할 것인지를 물었다.

 "일생 동안 난 그걸 준비해 왔다네."

 소크라테스는 이렇게 대답했다. 누가 이러한 그에게 다시 무슨 말을 더할 수 있었겠는가?

 재판을 하는 날의 아침이 다른 여느 아침과 다를 바 없이 밝아 왔다. 크리톤과 그의 아들 크리토불루스, 플라톤, 그리고 그 밖의 몇 사람이 소크라테스와 함께 법정으로 가기 위해 그의 집에 모여들었다. 소크라테스는 평상시와 마찬가지로 명랑해 보였다. 크산티페는 잠을 설친 것처럼 보였는데, 그녀의 말에 의하면 자기 남편은 잠을 아주 잘 잤다는 것이었다. 얼마 동안 그들은 이런저런 이야기를 나누었고 농담도 할 수 있을 정도의 분위기가 되었다. 농담은 그의 친구들보다는 소크라테스가 더 잘하는 것 같았다. 크리톤은 집을 나섰을 때, 그리고 길을 가는 도중에 소크라테스가 잠시 침묵을 지키면서 무엇인가 크리톤 자신은 듣지 못하는 것에 귀를 기울이고 있는 것 같다는 느낌이 들었다. 그러나 소크라테스는 곧 눈을 크게 뜨며 껄껄 웃었다. 그의 친구들은 이러한 그의 호탕한 웃음을 매우 좋아했으나 이 날 아침에는 그들을 외롭게 만들었다. 그들은 함께 법정으로 걸어갔다.

 이 도시 국가를 대표하게 된 501명의 배심원들, 아테네 시민들로 구성된 이들은 추첨으로 선출되었다. 그들은 이 법정으로 들어와서 안내원으로부터 수당 지급표를 받느라 웅성거렸다. 그들은 또 앞줄의 제일 좋은 자리를 차지하려고 야단이었다. 재판관인 아르콘 왕은 이미 자리에 앉아 있었고, 방청인들은 긴장된 심정으로 혹은 단순한 호기심으로 모여들어 배심원들의 자리 뒤쪽을 메우고 있었다.

 재판은 관례에 따라 나지막한 기도와 함께 재판을 시작한다는 아르콘 왕의 정식 선포로 시작되었다. 집행관은 원고와 피고의 이름을 부르며 앞으로 나오라고 말했다. 크리톤은 자리에서 일어서는 소크라테스에게 이렇게 말했다.

 "소크라테스, 최선을 다하게. 자네 친구들을 위하여."

 그는 진정으로 자기가 자신의 손실 때문에 두려워하고 있다는 것을 부끄럽게 여겼다. 그러나 사실 이 일은 그 자신의 손실이었다.

먼저 원고들이 말했다. 그들이 믿는 바와 그들의 기준을 따른다면 아마도 그들은 정직하게 말했다고 보아야 할 것이다. 그러나 그들은 진실을 말한 것이 아니었다. 소크라테스는 자리에 앉아서 자기가 말할 차례를 기다리고 있었다. 그는 그들의 말에 조금도 동요하지 않았다. 그들은 혼란을 좋아하는 어떤 한 사람에 관하여 말하고 있었다. 그것은 자기 자신의 기초도 가지고 있지 못하면서 다른 사람의 기초를 파괴하고 있는 사람에 관한 이야기였다. 과연 그들은 자신들이 말하고 있는 것을 진심으로 믿을 수 있단 말인가?

하지만 그들이 하고 있는 말 그 자체보다도 그 배후에 깔려 있는 공포심에 더 주의를 기울이면서 소크라테스는 여러 가지를 생각할 수 있었을 것이고 또 많은 것을 이해했을 것임에 틀림없었다. 이러한 것들은 아마도 그가 이전에는 그다지 명백하게 이해하지 못했던 것이리라. 이제 그는 이 재판이 진정으로 의미하는 바가 무엇인지 명확하게 깨닫게 되었다.

그들은 두려워하고 있었다. 그리고 그들이 두려워하는 이유는 매우 중요한 것이었다. 그들은 '선'을 두려워하고 있었다. 그들은 나쁜 사람은 아니었다. 그러나 소크라테스가 영위하고 있는 생활은 그들이 감당하기에는 너무나 생기에 찬 것이요, 그의 진리는 너무나 벅찬 것이었다. 그들은 그들의 조그마한 '선'들을 사랑하고 있었으며, 이것들을 잃게 되지나 않을까 두려워하고 있었다. 안전함과 안락한 생활, 그리고 여러 가지 편의에 의한 관습들, 이것이 바로 그들의 조그마한 '선'이었다. 가엾고 어리석은 사람들이여! 소크라테스는 그들에게 그렇게 외치고 싶었다. 그들은 정녕 그 조그마한 '선'과 큰 '선' 사이에는 선택의 여지가 없다는 것을 깨닫지 못한단 말인가? '선'은 그 모든 것의 원천이건만 그들은 그것을 모르고 있던 것이다.

그러나 선택해야 한다면, 오늘이야말로 그러한 선택을 할 수 있게 해야 할 것이라고 소크라테스는 생각했다. 이 때문에 신이 나를 이곳에 있게 하신 것이다. 이 법정에 진실된 선택이 있게 하자. 이 일은 단순히 아니투스가 소크라테스의 생각에 반대하는 것이 아니라 — 그 무엇이 무슨 문제가 되랴! — 원칙과 올바른 신념이 무지한 보수주의와 공포에 대항하여 싸우고 있는 것이다. 아니투스에게, 멜레투스에게, 리콘과 배심원들에게, 아니 아테네의 모든 사람들에게, 선택하게 하자. 신이 이와 같은 것을 모두 마련하셨으니 나로부터 이 선택이 시작되게 하자. 이렇게 생각하며 소크라테스는 발언하기 위해 일어섰다.

소크라테스가 생각한 것이 무엇인지 우리는 그가 나중에 말한 것으로 미루어 짐작해야만 했다. 그러나 그가 말한 것은 우리도 알 수가 있다. 플라톤이 법정에 참석하여 몸을 앞으로 내밀고 한 마디라도 놓칠세라 열심히 듣고 있었기 때문이다. 그에게는 소크라테스의 말을 기억한 또 하나의 이유가 있었다. 그는 이날, 소크라테스의 말을 듣고 자기 인생의 방향을 바꾸어 정치가가 되는 대신 철학자가 되기로 결심했던 것이다.

그리하여 플라톤은 소크라테스의 변론을 상세하게 기억했고 또 그것을 조심스럽게 파피루스에 기록해 두었다. 이 기록은 소크라테스의 변론을 들었던 사람들이 아직 살아 있을 때, 아직 그것을 기억하고 있을 때 이루어진 일이다. 그 변론을 후세에 와서는 '소크라테스의 변론'(Apology of Socrates)이라고 일컫게 되었는데 그리스 말로는 '아폴로게이아'라고 한다. '아폴로게이아'는 '변론'이라는 뜻을 가진 말이다. 만일 소크라테스가 법정에서 플라톤이 기록한 대로 말했다면 그것은 지금까지 법정에서 들을 수 있었던 변론 가운데 가장 기이한 변론이었던 것이다.

제 12 장

소크라테스의 변론

"아테네 시민들이여!"

소크라테스는 말을 시작했다. 그러자 법정은 조금 술렁거렸다. 왜 그는 관례에 따라 "배심원 여러분!"이라고 하지 않는가? 자기가 재판을 받고 있다는 사실을 잊어버린 것은 아닌가!

"아테네 시민들이여, 나는 고소인들의 말을 들은 여러분의 느낌이 어떠했는지는 잘 모릅니다. 그들의 말은 그럴 듯했습니다. 그들은 나에게 내가 어떤 종류의 사람인지 거의 잊게 해 주었습니다."

이것은 물론 농담이었다. 그는 농담을 즐기고 있었다. 그의 친구들은 이 때보다 더 태연한 그의 모습을 본 적이 없었다. 그는 맞은편에 앉아 있는 아니투스와 멜레투스, 그리고 리콘을 건너다보면서 진지하게 말을 이어나갔다.

"하지만 그들은 진실된 말을 한 마디도 하지 않았습니다."

아르콘 왕은 의자에 앉아서 몸을 뒤로 기대었다. 서기와 집행관도 모두 자기 자리에 앉아 있었다. 시간을 재는 사람들은 물시계를 돌려놓았다. 모든 것이 질서 정연했다. 이 법정에는 처리할 사건이 많아서 평일에는 거의 1년 내내 재판이 열리고 있었다. 사람들은 이 재판도 다른 재판과 비슷할 것이라고 생각하고 있었다.

그들은 소크라테스의 진리의 방법이 사태를 뒤집어 놓으리라고는 상상할 수도 없었다. 그러나 겉으로만 본다면 이 연설에는 뒤집힌 것이 전혀 없었다. 소크라테스가 미리 계획한 것이 아니라면 신들이 그 연설을 가장 아름답고 가장 질서 정연한 연설로 만들어 줄 것이었다.

 그가 연설에 사용한 말들은 매우 쉽고 단순했기 때문에 어린아이나 현자(賢者)나 모두가 잘 이해할 수 있는 것이었다. 소크라테스는 사람들을 향해 말했다.

 "내가 지금 시장이나 혹은 여러분들이 내 말을 흔히 들을 수 있었던 환전상(換錢商)의 책상 머리 같은 곳 또는 그 밖의 다른 곳에서 습관적으로 사용했던 말과 똑같은 말을 이 자리에서, 법정에서 변론을 하며 쓴다고 해서 놀라거나 내 말을 중단시키려고 하지 마십시오. 내가 말하는 태도가 예전보다 좋든 나쁘든, 그것에 대해서는 상관하지 마시고 오직 한 가지, 즉 내가 말하는 것이 옳은가에 대해서만 주목해 주십시오. 재판관의 훌륭함이란 무엇이 옳은가에 주의를 기울이는 데 있고, 말하는 자의 훌륭함은 진실을 말하는 데 있기 때문입니다."

 소크라테스는 할 말이 많았으나 시간이 넉넉하지 않았다. 무엇보다도 먼저 소크라테스는 밑바닥을 분명히 드러내 보여주어야 했다. 그는 낡은 편견들, 예를 들어 아리스토파네스의 그 오래된 희곡에 나오는 악의적인 농담들을 뿌리 뽑아야 했고, 또 아무런 근거도 없이 떠돌아다니는 그러기에 더욱 위험천만한 헛소문들을 뿌리 뽑아야 했다.

 이 법정에서조차도 어떤 사람들은 아직도 소크라테스를 아나크사고라스와 같은 '무신론적 과학자'라고 생각하고 있었다. 남보다 더 잘 알고 있었을 멜레투스도 그를 '무신론자'라고 지칭했으며, 오래 전에 발표된 태양과 달에 관한 충격적인 학설도 그의 탓으로 돌리려고 하였다.

또한 어떤 사람들은 소크라테스를 소피스트와 다름없는 한 선생으로, 즉 제자들에게 거짓을 진실인 것처럼 보이게 하는 선생으로 생각하고 있었다.

"당신이 과학자도 아니요, 소피스트도 아니라고 한다면, 소크라테스, 당신의 직업은 도대체 뭐요? 무슨 혐의가 있는 거요?"

그리하여 소크라테스는 카이레폰의 신탁 이야기, 즉 전문가들에게 질문하고 지혜로운 사람들을 성가시게 하여 그들이 스스로의 무지를 깨달을 수 있도록 하는, 신이 내린 사명에 관한 그 오래된 이야기를 하게 되었다. 진리는 사람들의 마음을 뒤흔드는 것이었다. 그러나 이것이야말로 정말로 말썽거리였다. 낡은 편견들과 새로운 멜레투스의 고소의 맨 밑바닥에 깔려 있는 것은 바로 이것이었다.

멜레투스는 진정 무지하고 어리석은 자였다. 소크라테스는 그에게 이리저리 질문함으로써 이것을 드러내 보였다. 그러나 그의 어리석음의 근본은 다른 많은 사람들 역시 가지고 있는 것이었다. 소크라테스는 조용히 말했다.

"무엇인가가 나를 파멸시킨다면, 그 무엇은 바로 이것입니다. 이것은 멜레투스도 아니요 아니투스도 아닙니다. 이것은 세상 사람들이 남을 헐뜯는 말과 남을 나쁘게 생각하는 감정입니다.

이것은 과거에도 많은 선량한 사람들을 파멸시켰습니다. 그렇습니다. 또 이것은 앞으로도 그러하리라고 나는 생각합니다. 그것이 나와 더불어 그치게 된다면 조금도 해로울 것이 없겠지요."

소크라테스가 이 말을 했을 때 수군거리는 소리가 들렸다.

"죄수가 재판관 노릇을 하는군."

격분한 한 배심원이 옆 사람에게 이렇게 말했다.

"그래, 우리 오백 명이 모두 그를 유죄로 심판하고 그가 범죄자로서 죽는다 해도 그는 여전히 '선인'이란 말인가? 그렇게 말한 거지? 우리들의 민주주의에서 젊은 사람들에게 그 따위 어리석은 것을 가르치다니! 난 어느 쪽에 투표할 것인지 결정했네."

소크라테스는 이러한 수군거림을 들었을 것이다. 아니 못 들었을 수도 있다.

그는 군중의 수군거리는 소리를 무시하고 쉽게 들릴 수 있도록 조금 소리를 높여 말을 이어갔다.

"아마 어떤 사람은 이렇게 말할지도 모릅니다. '소크라테스, 자네 스스로 지금 너를 죽음의 위험에 빠지게 하는 일을 하고서도 부끄러운 줄을 모르는가?' 그러나 나는 누구에게나 정직하게 대답할 수 있습니다. '친구여, 만일 당신이 — 조금이라도 가치가 있는 사람이라면 말입니다 — 자신의 죽고 사는 기회를 잘 헤아려야 한다고 생각한다면, 당신은 과오를 범하고 있는 것입니다. 당신은 아킬레스가 죽음과 위험을 헤아렸다고 생각합니까?' 아테네 사람들이여, 진리의 빛에 비추어 볼 때 그럴 수는 없습니다. 사실이 그렇습니다. 사람이란 어떤 자리에 서게 되던 그 자리를 지켜야 한다고 나는 생각합니다. 그 자리가 최선이라고 스스로 생각했건 혹은 윗사람에 의하여 그 자리에 서도록 명령을 받았건 말입니다. 그리고 위험이 닥쳐오면 그 위험에 부딪쳐야죠. 죽음이나 그 밖의 어떠한 것도 수치심보다 더 두려운 것은 없습니다."

그는 계속해서 이렇게 말했다.

"아테네 시민들이여, 나는 병사로서 내 상관들이 지키라고 명령한 곳에 서 있었습니다. 그 상관들은 여러분이 택하여 내 뒤에 있게 한 바로 그 사람들입니다. 포티다에아와 암피폴리스와 델리움에서 나는 다른 모든 사람들과 똑같이 서 있었습니다. 죽을 각오를 하고 말입니다. 그러나 지금 나를 이 곳에 서 있게 한 것은 신입니다. 나는 이것을 알고 있으며 또 믿고 있습니다. 지혜를 사랑하여, 즉 철학하여 나 자신과 다른 사람들을 탐구하는 일에 내 생애를 바치라고 나에게 명령하고 있는 것은 신입니다. 아테네 사람들이여, 만일 죽음이나 그 밖의 어떤 일에 의해서 내가 이 자리를 버리게 된다면 그것은 한심스러운 일이라 하겠습니다. 그것은 정말 한심스러운 일이지요. 그리고 만일 내가 그렇게 한다면 당신들은 내가 신들을 믿지 않는다고 고발할 권리가 있습니다."

그를 사랑하는 그의 친구들도 전에는 그에게서 이와 같은 태도를 본 적이 없었다.

"그렇군, 그가 옳았어. 우리는 그를 이해하지 못하고 있었어."

라고 그들은 생각했다.

"일생 동안 그는 이것을 준비해 왔던 거야. 그는 우리가 아는 이상으로 위대하게 성장했어."

소크라테스의 변론은 훌륭했다. 아니투스도 아마 어느 정도 이것을 느꼈을 것이다. 하지만 그것은 또한 사람들의 마음에 혼란을 일으키는 것이기도 했다. 그것은 속이 좁은 사람들이 마주 대하기에는 너무나 큰 것이었다.

소크라테스가 변론을 계속했을 때, 그의 친구들은 반대의 동요가 일어나고 있음을 느낄 수 있었다. 그 반대란 사물을 소크라테스처럼 볼 수 있기 전에는 가끔 그들 자신도 느껴 보았던 것이었다. 완고한 기준을 말과 모범으로 꺾어 버리는 것, 사람들의 모든 생각과 행위를 심판대 위에 올려놓는다는 것은 쉬운 일이 아니었다.

그런데 소크라테스는 바로 이 자리에서 그 일을 하고 있었다. 그것도 예전에 그들을 위하여 한 것처럼 질문하고 또 대답을 들으면서 천천히 하는 것이 아니었다. 즉, 그들과 함께 앞으로 나아가면서 그들이 잘 이해하지 못하여 미처 따라오지 못할 때에는 뒤로 물러서기도 하면서 하는 것이 아니었다. 오늘 이 법정에서는 사람들이 알아듣도록 쉽게 이야기할 시간이 없었다. 어쩌면 이번이 아테네 사람들에게 말할 수 있는 마지막 기회일지도 몰랐다. 그는 일생 동안 자기 속에서 자라 온 것들을 솔직하게 말해야 했고, 그들 가운데 다만 몇 사람이라도 이해하지 않을까 하는 생각에 희망을 걸어야만 했다.

따라서 그는 배심원들이 제 손아귀에 있는 죄수로부터 듣고 싶어 하던 유쾌한 이야기를 전혀 하지 않았다. 오히려 그는 그들이 알아야만 한다고 생각한 진리를 들려주었다. 그는 그들에게 왜 자기가 가족들을 데려다가 탄원하게 하지 않았는지 설명했다. 그를 석방시키기 위해 크산티페와 두 아들, 그리고 갓난아기가 울고 애걸하지 않는 이유를 설명한 것이었다.

이런 일은 관례였다. 그것은 배심원들에게 자비와 권세의 감정을 불러일으키는 것이었다. 그러나 소크라테스는 그렇게 하지 않았다. 그리고 그는 그 이유를 이렇게 밝혔다.

"배심원은 자기 마음대로 호의를 베풀지 않고 법에 따라 정의를 행하기로 맹세하였습니다."

그가 그들의 주의를 환기시키며 말했다.

"우리는 여러분에게 맹세를 깨뜨리는 습관을 가지게 해서는 안 되며, 또 여러분은 그러한 습관에 젖어 들어서도 안 됩니다."

그는 또 여섯 장군의 이야기를 끄집어냈다. 그것은 그들이 기억하기 싫어하는 이야기였는데 소크라테스는 그들이 아테네의 정치 생활에서 원칙이 없었음을 꾸짖었다.

한 사람이 끝끝내 정당하게 반대를 한다는 것은 '30인'의 독재 정치 아래에서와 마찬가지로 민주주의 아래에서도 위험하다고 그는 말했다.

"정당한 일을 하는 정직한 사람은 도저히 공직을 맡고 생명을 부지할 수 없습니다."

그리하여 그는 그들을 도와주는 일을 자신의 개인적 사명으로 삼게 되었던 것이다. 그는 이 사명을 '신들이 지금까지 이 나라에 준 축복 가운데 가장 큰 축복'이라고 불렀다. 그리고 설령 그들이 그가 잠잠히 있으면 돌려보내 주겠다고 할지라도 그는 침묵하고 있기를 거부했을 것이다.

그는 그들의 마음속에 있을 것만 같은 질문에 진지하게 대답했다.

"아테네 사람들이여, 나는 여러분의 친구입니다. 나는 여러분을 사랑합니다. 그러나 나는 여러분에게보다는 오히려 신에게 복종하겠습니다. 나에게 숨이 남아 있는 한, 나는 철학함을 멈추지 않을 것입니다. 나는 누구를 만나든 격려해 주고 진리를 가르쳐 줄 것입니다. 나는 그에게 질문하고, 그를 조사하고, 그를 시험해볼 것입니다. 그리하여 만일 그 사람이 선을 소유하고 있지 않으면서도 소유하고 있는 것처럼 자만하고 있다는 것을 알게 되면 그 사람을 꾸짖을 것입니다. 나는 그가 가장 중요한 것에다가는 가장 낮은 가치를 부여하면서, 신통치 못한 것들을 오히려 더 높이 평가하고 있다고 가르쳐 줄 것입니다. 그러니 아테네 사람들이여, 이제 나를 돌려보내든 돌려보내지 않든, 마음대로 하십시오. 하지만 여러분이 어떻게 결정하든 내가 달리 행동하지는 않을 것이라는 걸 잘 생각하시고 결정하십시오. 백 번을 죽게 된다고 할지라도 달리 행동하지는 않을 것입니다!"

이것은 마치 유죄 선고를 받고 싶다고 말하는 것과 다름없었다. 그의 변론을 들은 사람들 가운데는 사실 이렇게 생각한 사람들도 더러 있었다. 소크라테스는 노인이었다. 아마 그는 이제 살아가는 데 지쳤을 것이다.

 하지만 그의 말은 삶에 지친 노인의 말 같지는 않았다. 그는 정직하게, 때로는 격분한 어조로, 자신의 목숨을 그대로 둘 것을 호소하였다. 그는 말하였다.

 "아니투스는 나를 해칠 수 없습니다. 나는 보다 나은 사람이 보다 못한 사람에게 해를 입힐 수 있다고는 생각하지 않습니다(그는 어쩌면 선한 사람을 죽이거나 추방할 수 있을 것이요, 또 그런 일을 하는 것은 큰 재앙이라고 생각할지도 모릅니다. 그러나 나는 그렇게 생각하지 않습니다. 그가 지금 하려고 하는 일이야말로 훨씬 더 큰 재앙입니다). 그러므로 내가 변론하는 것은 나 자신을 위해서가 아니라 여러분을 위해서입니다."

 그리고 그는 그 후로 그를 떠올릴 때마다 항상 연상되는 이야기를 했다. 그는 그것을 농담이라 했지만, 거기에는 진리가 깃들어 있었다. 그것은 아테네를 크고 혈통은 좋지만 게으른 말에 비유하고, 소크라테스 자신은 그 말을 쏘는 등에라는 곤충에 비유한 이야기였다.

 소크라테스는 말을 쏘아 늘 깨어 있도록 하기 위해 신들이 보낸 등에라는 것이었다. 아테네 사람들은 마치 잠꾸러기가 잠을 깨운 사람에게 화를 내듯이 이 등에에게 화를 내고 있는 것 같았다. 그들은 이 등에를 단번에 뭉개버리고 영원히 잠자려 하고 있는 것이었다. 소크라테스는 이 점을 경고했다.

 "그러나 여러분은 나를 살려 두는 것이 좋을 겁니다. 나 같은 사람을 또 하나 얻기란 쉬운 일이 아닐 겁니다!"

그것은 농담이었지만, 정녕 대단한 농담이었다. 말이니 등에니 하는 것에 그치는 것이 아니라, 현실 전체가 문제되는 것이었다. 만약 알키비아데스라면 사람들의 마음을 혼란시키는 소크라테스의 농담을 대부분의 사람들보다 더 잘 알아들었을 것이다. 알키비아데스는 아마도 이렇게 말했을 것이다.

"그와 그의 진리는 이 재판을 엎어 놓았다. 그와 그의 진리가 이 법정을 점령해 버렸고 재판관들에게 자기 자신들을 심판하지 않을 수 없게 만들었다. 이 법정에서는 죄수가 주인이다. 왜냐하면 그는 보다 더 높은 단계의 선을 알고 있고 또 두려워하지 않기 때문이다. 저들은 물론 그를 죽일 수 있다. 나는 가끔 그가 죽기를 원했다. 그러나 이것으로써 그를 해칠 수는 없다. 그리고 설령 그들이 그를 죽인다고 할지라도 그의 정신은 결코 그들을 쉬게 하지 않을 것이다. 나 자신 역시 한 번도 휴식을 얻어 본 적이 없다."

마침내 신과 법정에 대하여 '나 자신을 위해서나 여러분을 위해서나 최선의 것이 이루어지도록 판결해 줄 것'을 호소하면서 이 놀라운 변론을 끝맺었다.

소크라테스는 자리에 앉았다. 그의 말에 압도당하여 그쳤던 동요와 수군거림이 다시 시작되었다. 집행관은 이 소송 사건을 표결에 붙일 단계가 되었음을 알렸다. 법정의 절차가 진행되었다. 투표함이 마련되었다. 501명의 배심원들은 줄을 지어 천천히 투표함을 지나가면서 투표했다. 투표함들은 개표하기 위해 탁자 위로 운반되어 왔다. 유죄냐 무죄냐? 몇 분이 지나면 알 수 있었다. 기소측은 사형을 구형했지만, 만일 소크라테스가 추방을 제청하면 받아들여질 수는 있었다. 아마 아니투스는 그때까지도 소크라테스가 추방을 제청해 주기를 바라고 있었을 것이다. 집행관이 앞으로 나섰다. 근소한 표 차로 법정은 결정을 내렸다. 30표만 반대로 되었다면 결과는 달라졌을 것이다. 법정의 서기는 이 표결 사항을 기록하였다.

집행관은 그의 지팡이를 소크라테스의 몸에 대었다. 이것은 소크라테스의 유죄를 의미하는 것이었다. 친구들은 이렇게 될 것을 예상하고 있었다. 그러나 막상 그렇게 되고 보니 무척이나 괴로웠다.

소크라테스와 별 상관이 없는 방청인들의 무리 속에서도 감정의 물결이 솟구치는 것을 느낄 수 있었다. 기름 가게에서 온 작은 사나이는 통곡하는 것이었다.

소크라테스는 일어서서 법정의 규칙에 따라 자신에게 선고된 형량에 관하여 다시 발언하였다. 그는 표 차가 아주 적었던 것 외에는 투표 결과에 대해서 조금도 놀라지 않았노라고 말했다. 이제는 그가 적당하다고 생각하는 형량을 제청할 차례가 왔다.

그는 나쁜 일은 한 번도 한 적이 없고, 더욱이 실제로는 이 도시 국가의 은인인 까닭에 마땅히 은인에 대한 보답을 요구할 것이 아니겠는가!

"시의 영빈관에서 평생 무료로 식사하는 대접을 받게 해주시오."

그는 진지한 어조로 말했으나 얼굴에는 농담기가 퍼져 있었다.

"여러분은 올림픽 경기의 우승자에게 그런 대접을 하지요? 그런데 나는 여러분을 위하여 경기에 이기는 것보다도 더 큰 일을 했습니다. 그런데다가 나는 가난합니다. 내가 계속해서 여러분을 도와 드리려면 여러분의 도움이 필요합니다."

이 말로써 이제 그의 죽음은 확실한 것이 되어 버렸다. 친구들도 소크라테스 못지않게 이 사실을 알았다. 배심원 속에서 격분한 고함 소리가 터져 나왔을 때, 그는 친구들의 얼굴을 내려다보고 농담을 그쳤다.

친구들은 그가 추방형을 제청하기를 원하고 있었다. 그는 자신이 이것을 제청하면 표 차가 근소했기 때문에 살아날 수 있으리라는 것도 알고 있었다. 지금 곧 그를 구해낼 수 있을지도 몰랐다.

"만일 나의 조국 아테네에서 진실을 말할 수 없다면 어느 곳에 가서 진실을 말할 수 있겠습니까?"

그는 이렇게 말했다.

"나는 잠잠해질 수 없습니다. 신이 나에게 말하라고 명령했기 때문입니다. 여러분이 이것을 믿지 않는다는 것을 나는 알고 있습니다. 그리고 만일 내가 매일같이 선에 관하여 이야기하는 것, 또 내가 나 자신과 다른 사람들을 탐구하면서 토론하는 것이 인간으로서 가질 수 있는 최대의 선이라고 말한다면—사람에게 있어서 음미되지 않는 생활이란 아무런 가치가 없는 것입니다—여러분은 이것을 더욱 믿지 않을 것입니다. 그러나 아테네 시민들이여, 이것은 내가 말한 대로 진실입니다."

하지만 결국 그는 저들이 부르는 이른바 형량이라는 것을 제청하였다. 그가 제청한 것은 추방형이 아니라 한 미나(mina : 화폐 단위)의 벌금이었다. 저들은 이 말을 듣고 크게 웃을 것이었으나, 그로서는 낼 수 있는 전부였다. 그러면서 그는 자기에게 해를 끼칠 형량을 제안할 수는 없겠지만 돈을 내는 것은 자기에게 해를 끼치지 않는 벌이라고 거듭 강조하는 것이었다. 그의 친구들이 그 액수를 30배나 올렸을 때 — 크리톤, 크리토불루스, 아폴로도루스, 그리고 플라톤이 발돋움하여 소리쳐 말하기를 자기들 돈으로 낼 수 있는 한 많이 내겠다고 했을 때 — 그는 친구들에게 미소를 던지며 후의를 받아들였다. 그는 법정을 향해 말하였다.

"내 친구들이 그 돈을 낼 것입니다. 그들은 믿을 수 있는 사람들입니다."

그를 아는 사람들은 친구들에 대한 그의 맨 마지막 말을 제외한 나머지 말들이 모두 진실임을 알고 있었기 때문에 전혀 이상하게 생각하지 않았다. 그 다음에는 별로 이렇다 할 것이 없었다. 누구나가 예측했던 대로 형량을 정하기 위한 투표가 있었고, 곧이어 형량이 선고되었다.

소크라테스는 사형을 선고받았다. 그는 즉시 끌려 나갈 것이었지만 뜻밖의 일로 지체되어 법정에서 최후의 말을 할 시간을 얻었다.

"내가 패소한 것은 여러분을 설득시킬 말이 모자랐기 때문이 아닙니다. 그렇게 생각하지 마십시오."

그는 자기에게 유죄의 투표를 한 사람들에게 이렇게 말했다.
"어떤 종류의 위험에 있어서나 죽음을 모면할 계략은 많습니다. 사실 죽음을 모면한다는 것은 그리 어려운 일이 아닙니다. 악행을 멀리한다는 것이 더욱 어려운 일입니다. 죽음이란 발이 느린 것인데, 나 또한 발이 느린 늙은이라 죽음이 나를 붙들었군요. 악은 발이 빨라 영리하고 똑똑한 여러분을 붙잡았습니다. 나는 내 형벌을 받아야 할 것이지만, 여러분은 또 여러분의 형벌을 받아야 할 것입니다."

그리고 그는 친구들과 그의 목숨을 구하려고 무죄 투표를 한 사람들에게 위로의 말을 했다.

그는 이 사람들에게 자기는 온종일 신으로부터 경고의 신호가 오지 않나 하고 주의를 기울였지만 그 신호는 오지 않았노라고 했다.

따라서 그가 법정에 서게 된 것은 좋은 일이요, 그가 한 말도 좋은 것이요, 그 결과 역시 좋다는 것이었다. 죽음은 잠을 자는 것과 다름없는 것이거나 그렇지 않으면 저 세상에서도 이 세상에서와 마찬가지로 자기의 일을 계속해 나갈 수 있으리라는 것이었다.

그는 친구들에게 확신을 주는 말을 남겼다.

"이 한 가지 일이 참되다는 것을 여러분의 가슴에 새겨 두지 않으면 안 됩니다. 즉 살아 있거나 죽거나 간에 선한 사람에게는 도무지 악이란 게 없습니다. 그는 무슨 일을 하든 신들에게서 버림을 받지 않을 것입니다."

몇 분 후에 옥리(獄吏)가 와서 그를 데려갈 때 그들은 이 말을 가슴에 새겨 두었다.

제 13 장

소크라테스의 최후
-크리톤의 회고-

나는 소크라테스의 친구 크리톤이다. 나는 이제부터 나머지 이야기를 여러분에게 들려주려 한다.

해마다 봄이 오면 우리 아테네 사람들은 사절단을 배편으로 델로스 섬에 보낸다. 이곳은 아폴론 신이 탄생한 작은 섬이다. 우리가 이렇게 해마다 사절단을 보내는 것은 위대한 해방을 기념하기 위해서였다. 먼 옛날 해마다 우리나라의 젊은이들을 희생의 제물로 잡아가던 크레타 섬의 미노타우로스(몸은 사람, 머리는 소인 괴물)를 우리의 영웅 테세우스가 아폴론 신의 도움을 받아 물리친 것을 기념하는 것이다. 이 사절단을 보내는 시기를 우리나라에서는 정화(淨化)의 절기로 삼아 그 뜻을 기린다. 배가 떠나가 있는 동안은 나라의 죄수를 결코 처형하지 않도록 하고 있었다. 그 항해는 짧은 것이었지만 간혹 역풍이 불어 상당 기간 지체되는 경우도 있었다. 우리의 친구 소크라테스가 예상보다 좀더 오래 우리와 함께 지낼 수 있었던 것은 바로 이 때문이었다. 이런 일이 없었더라면 그는 유죄 선고를 받은 그 날로 독당근 즙을 마시게 되었을 것이다. 그러나 이 신성한 배가 공적인 의식을 마친 후 화환으로 장식되어 떠난 것이 바로 재판 전날의 일이었고, 곧 돌아와야 할 배는 역풍에 묶여 돌아오지 못하고 있었다. 그런 이유로 우리의 친구는 꼭 한 달을 감옥에서 지내게 되었던 것이다.

이렇게 기다리는 것이 소크라테스에게 어떤 영향을 끼쳤는지 나는 잘 모른다. 우리는 매일 그와 함께 있었다. 족쇄가 그의 다리를 상하게 했을 것이고 하늘의 빛을 보지 못하고 갇혀 있게 된 것이 처음이었기 때문에 몹시 괴로웠을 텐데도, 우리는 그에게서 아무런 변화도 보지 못했다. 간수는 힘이 닿는 한 편의를 보아 주었다. 마지막에 그 간수가 취한 태도로 미루어 보아 그는 소크라테스를 얼마간 사랑하게 되었다고 생각된다.

나는 조심스레 마음을 써가며 이 간수를 친구로 만들었다. 이렇게 하면 나중에 조금이라도 도움이 되지 않을까 해서 한 일이었는데, 사실 퍽 도움이 되었다.

앞서도 말한 것처럼 기다림은 소크라테스에게 아무런 영향도 주지 못한 것 같았다. 물론 그는 죽음에 대해서 좀더 많이 생각하게 되었을 것이다. 예전의 그는 항상 생활에 바빴다. 나는 그처럼 생명에 충만한 사람을 보지 못했다. 그러나 지금 그는 새로운 문제에 부딪치고 있었다. 그리고 그 문제에 대해 아주 그다운 태도로 대처하고 있었다. 그 어떤 것을 막론하고 그의 수중에서 죽어 버리는 것은 하나도 없었다. 죽음 그 자체까지도 죽어 버리지 않았다. 그 마지막 한 달 동안 우리 자신도 그에게 크게 의지하였다. 그는 우리 모두를 붙들고 일으켜 줄 만한 힘을 가지지 않으면 안 되었다.

그것이 우리에게 어떠한 것이었는지 설명하기는 좀 곤란하다. 그는 법정에서의 변론을 통해 우리를 좁은 생각에서 끌어 올려 주었다. 그때 만일 그가 죽어야만 한다면, 그래, 죽어도 할 수 없는 일이라고 나는 생각했다. 그는 너무나도 큰 인물이었다. 나는 우리 때문에 그가 자신을 작게 해서는 안 된다고 생각한 것이다. 그러나 얼마 후에는 사람들이 흔히 하는 말처럼, 결국 사는 것은 사는 것이고 죽는 것은 죽는 것이라는 생각이 들었다. 즉 죽을 때에는 당연히 죽어야겠지만, 우선 살고 볼 일이라는 생각이 든 것이다. 우리는 우리가 바보였다고 느끼기 시작했다. 아마 이런 관점에서 보면 그 역시 바보가 아니었나 싶었다. 하여간 그는 세상에 대해서는 바보였던 것이다. 세상은 살 만한 곳이니까 말이다.

 이렇게 생각하고 있던 중에 우리의 또 다른 친구 심미아스가 꽤 많은 돈을 가지고 테베에서 돌아왔다. 그와 늘 함께 있던 친구 케베스는 필요하다면 더 많은 돈을 구해 올 수도 있다고 말했다. 이처럼 열성적으로 소크라테스를 돕고자 하는 사람이 많이 있었다. 간수와 파수꾼을 매수하여 소크라테스를 빼내어 텟살리아에 있는 내 친구들에게로 보내려는 것이 우리들의 계획이었다. 만일 그가 자녀들을 남겨 두고 떠나겠다고 하면 자녀들은 우리가 보살펴 주기로 했다. 앞날이 창창한 젊은 아이들이 아테네의 시민권을 잃게 되는 것을 그가 원하지 않으리라 생각한 것이었다.

 사실상 나는 이 계획 전체에 대해서 그다지 희망을 걸지 않았다. 우리는 간수를 매수할 수는 있을 것이었다. 그것은 괜찮았다. 변장을 하는 것도 문제가 없었다. 당나귀에 태워 안전하게 모시고 갈 사람도 있었다. 그러나 문제는 소크라테스가 동의할까 하는 것이었다. 나는 심미아스와 케베스가 어린 아이였을 때부터 소크라테스의 친구였고 그를 잘 알고 있었다. 나는 그가 죽음을 조금도 부끄러워하거나 두려워하지 않는다는 것을 잘 알고 있었다. 그는 죽음을 일종의 불가피한 모험으로 생각하고 있었고, 우리가 도망가는 것이 좋다는 사실을 증명해 보일 수 없는 한, 그는 도망가려 하지 않을 것이다.

친구들은 이 계획을 그에게 말해 보라고 나를 채근했다. 만약 심미아스가 하려고만 한다면 그 사람이야말로 이 계획에 대해서는 최우선적으로 말할 권리가 있는 사람이었다. 또 친구들 거의 모두가 나보다는 말을 잘 하는 사람들이었다. 그러나 그들은 나를 택하였다. 게다가 여기에 대해서는 오래 생각할 시간이 없었다. 그날 밤, 그 신성한 배에 타고 있던 사람들 중 몇 명이 수니온 갑(岬)으로부터 육지로 해서 아테네에 왔던 것이다. 그들의 말에 의하면 배는 갑을 돌기 위해 바람이 불기만을 기다리고 있다는 것이었다. 내일이면 배가 들어올 것이고, 그 다음날에는 소크라테스가 죽게 될 것이다.

앞서 이야기한 것처럼 간수는 이미 내 친구가 되어 있었다. 이튿날 아침 일찍 그는 나를 감옥에 들여보내 주었다. 그는 내가 무엇을 하려는지 대강 알고 있었다. 그래서 나를 방에 남겨 두고 나가 버렸다. 해가 뜨기 전이었다. 소크라테스는 아직 잠을 자고 있었다.

나는 한참 동안 그의 곁에 앉아서 지켜보았다. 그는 아주 조용히 누워 있었다. 얼마 안 있어 그는 스스로 잠에서 깨어나 대뜸

나를 나무랐다. 그는 내가 왜 왔는지, 지금이 몇 시인지, 왜 간수가 나를 들여보냈는지, 그리고 왜 곧 깨우지 않았는지를 물었다. 나는 먼저 배에 관한 소식을 전해 주었다. 이것을 그에게 알려 주는 것은 그다지 나쁜 일이 아니었다. 나는 이 밖의 다른 사실에 대해 그가 묻는 것이 더 두려웠다.

그러자 그는 잠에서 깨기 바로 전에 꾼 꿈 이야기를 해 주었다. 흰 옷을 입은 한 여인이 꿈에 나타나서, 아킬레스가 트로이에서 도망가려는 생각을 하고 있을 때 한 말을 되뇌이고 있었다는 것이었다. 그 여인은 그에게 사흘 후면 고국에 도착할 것이라고 말했다고 했다. 이것은 그가 내일이 아니라 모레 죽게 되리라는 것을 의미한다고 그는 해석했다. 하여간 그가 어떻게 생각하고 있는가는 분명해졌다.

그때 나는 말을 시작했다. 나는 내가 말하려던 것을 단숨에 모두 털어 놓았다. 먼저 그가 그의 친구들의 덕망을 해치고 있다고 했다. 우리는 사람들에게 모두 비겁자로 여겨지거나 아니면 그를 빼내기 위해 많지도 않은 돈을 쓰지 않을 만큼 그를 사랑하고 있지 않다고 여겨질 것이라고 했다. 우리에게 무슨 위험이 닥칠 것을 염려해서 그가 도망가려 하지 않는다는 생각이 들기도 했다. 만약 그렇다면 이 점에 대해서는 염려할 것이 없다고 나는 주장했다. 그만한 위험을 무릅쓰는 것은 우리로서는 당연한 일이라고 말했다. 그리고 또 심미아스와 돈에 관한 말을 했고 다른 친구들도 모두 도와주기를 원하고 있다고 했다. 나중에라도 우리에게 문제가 생기면 우리대로 또 뇌물을 쓸 수도 있으며 텟살리아에 있는 내 친구들도 그를 사랑하고 있으며 안전한 곳을 제공해 줄 것이라고 했다.

 끝으로 그가 기다리고 있다는 것을 나도 알고 있다는 식으로 나는 이야기를 해나갔다. 즉 이와 같이 항복하여 나쁜 사람들이 승리하도록 만들고, 그리하여 아들들을 고아로 만드는 것은 옳지 않은 일이라고 한 것이다. 나는 그 소송 사건에 관해서도 누구나가 말하고 있는 그대로 그에게 말했다. 도대체 그것은 법정에 상정될 성질의 것이 아니며, 그런 결말이 나와서도 안 되며, 이제 그 잘못된 판결에 대해서 무슨 말을 하지 않는다면 우리는 모두 비겁하고 약한 자가 되고 말 것이라고 했다. 생각할 시간은 이미 지났다. 우리는 행동을 개시해야 하는데, 바로 그날 밤에 행동하지 않으면 안 된다고 나는 말했다.

 그는 나를 보고 웃지 않았다. 그리고 흥분해서 뒤죽박죽이 되어 버린 내 말을 중단시키지도 않았다. 내가 말을 마치자 그는 내 열정적 노력이 옳은 방향으로 이끌어진다면 매우 소중한 것이라고 했다. 그러면서 그는 이제 그 문제의 옳고 그름을 함께 검토해 보자고 했다. 그가 이 말을 했을 때 나는 숨이 막히는 것 같았다. 시간은 촉박했고, 잘못 결정하면 그만큼 큰 위험이 뒤따르게 될 것이기 때문이었다. 하지만 나는 어떤 급박한 상황에 처했다고 할지라도 그는 자신의 생각을 말하고야 만다는 것을 알고 있었고, 또 마음 한구석에서는 그가 그렇게 하기를 원하고도 있었다.

 그는 이야기를 해나갔다. 그는 우리가 예전에 여러 번 합의한

바 있는 여러 원칙들을 상기시키면서 우리가 결정하는 데 기초가 될 것들을 단단히 다져 나갔다. 첫째로 그는 사람들이 이러이러하게 말할 것이라는 나의 의견을 지적했다. 그리고는 그것에 대한 논점을 따지고 들어 단순한 여론에 의하여 옳고 그름을 판단할 수 없다는 것을 나로 하여금 인정하게 했다. 마치 운동 선수가 자기를 훈련시켜 주는 코치의 말은 안 듣고, 다른 사람들의 말만 덮어 놓고 듣는다면, 그 신체를 망치게 되는 것과 마찬가지로, 그렇게 여론만을 따른다면 내 영혼을 망치리라는 것이었다.

그 다음으로 그저 살아 있음이 중요한 것이 아니라 바르게 사는 것이 중요하다는 두 번째 논점에 대해 말했다. 여기에 대해서도 나는 동의하지 않을 수 없었다.

그의 세 번째 논점은 악을 악으로 갚지 않는다는 것이었다. 나는 오래 전에 그가 이 생각을 처음 이야기했을 때, 그것은 우스운 생각이라고 말하곤 했었다. 그러나 이제 와서는 나는 그 생각이 옳다고 여기고 있었다. 즉 선한 사람으로부터 악이 나올 수 없다고 생각하기 시작했던 것이다. 그리하여 나는 그에게 동의하지 않을 수 없었다. 하지만 그는 거듭 내게 이것을 확신하고 있는가를 되새겨 보라고 종용했다.

"이것을 믿는 사람은 극히 적고, 또 앞으로도 그리 많지 않으리라는 것을 나는 알고 있네. 그리고 이것을 믿는 사람과 믿지 않는 사람은 무엇에 관해서나 절대로 의견의 일치를 보지 못할 것이네."

나는 그의 말에 전적으로 동감을 표시했다.

그리고 나서 그는 이런 이야기들을 그만두고 우리나라의 법률에 대한 이야기를 시작했다. 바로 이때 나는 내가 졌음을 깨달았다. 그는 나에게 만일 자기가 도망친다면 법률이 뭐라 하겠느냐고 물었다. 법률은 그가 이 세상에 나왔을 때부터 돌보아 주었고, 철이 들면서부터 이 법률을 기꺼이 받아들였다. 그 법률에 반발하여 더 좋은 법률이 있는 다른 나라로 가려고 한 적이 한 번도 없었노라고 말했다. 그런 그가 이제 와서 어떻게 감히 이 법률을 저버릴 수 있겠는가? 또 만일 저버린다면 어떻게 다시 선에 관해서 말할 수 있을 것인가?

"나의 소중한 친구 크리톤. 이것은 내 귀에 울려오는 음성일세. 그리고 이 음성은 다른 모든 것을 쫓아 버리는 음악이야. 비록 자네가 그 음성에 반대하는 말을 할지라도 — 지금 나는 그렇게 느껴지네만 — 자네 말은 헛수고가 될 걸세. 하지만 그래도 자네 말이 무슨 소용이 있으리라고 생각한다면 말해 보게!"

그는 말을 그쳤다.

"할 말이 없네, 소크라테스."

나는 이렇게 대답했다. 그리고 이것은 사실이었다. 그러나 이 말을 다른 친구들에게 하기는 힘들었다.

마침내 배가 들어왔다. 우리는 그 사실을 저녁에 알았다. 그래서 우리는 이튿날 아침 일찍 감옥으로 갔다. 문지기는 우리를 들여보내 주지 않았다. 감옥의 높은 관리들이 소크라테스에게

와서 쇠사슬을 풀게 하고, 또 그 밖에 필요한 명령을 내리고 있는 중이라는 것이었다. 이 관리들이 나간 다음 문지기는 우리를 안으로 들여보내 주었다.

소크라테스는 침대에 누워 있었는데, 쇠사슬은 풀려 있었다. 그리고 크산티페가 아기를 안고 그의 곁에 앉아 있었다. 그녀는 밤새 그와 함께 있었으나, 이제 이것이 마지막 날임을 떠올리고는 울기 시작했다. 소크라테스는 나에게 우리들 중 누구 한 사람이 그녀를 집으로 데려다 줄 것을 부탁했다.

그리하여 크산티페는 떠나고 우리만 남게 되었다. 소크라테스는 침대 위에 일어나 앉아서 족쇄 때문에 마비된 다리를 주무르고 있었다. 우리는 이런저런 이야기를 했다. 그는 자신이 살아 있는 동안 음악을 만들어 보라고 누군가가 부탁하는 꿈을 가끔 꾸었기 때문에 짤막한 시 하나를 지어 보려 했다고 말했다. 그는 '음악'이란 '철학함'을 의미하는 것이요, 또 철학은 확실히 최고의 음악 제작이라고 생각했다. 그는 이 생각이 옳은지를 확인하기 위하여 아폴론 찬가를 하나 지었고, 또 이솝 우화 중 몇 개를 시로 고쳤다.

이윽고 우리들의 이야기는 죽음에 관한 것으로 옮겨 갔다. 죽음이란 무엇이며, 내생(來生)은 어떤 것일까 하는 이야기를 하게 된 것이다. 우리는 죽음에 관한 이야기를 하고 싶었지만, 막상 말을 꺼내자니 어색했다. 그는 우리 가운데 가장 지혜 있는 사람이었다. 우리는 괴로운 처지에 있었으며, 우리가 이런 문제에 관해서 그에게 물을 수 있는 기회는 이것이 마지막이었다.

그러나 그는 이 모든 것에 대해서 조금도 거북하게 느끼는 것 같지 않았다. 그 자신에게나 또는 다른 누구에게나 죽음이 종말은 아니라고 그는 믿고 있었다. 그러나 여러 가지 상황의 제약으로 인해서 편견에 빠지게 될 수도 있으며, 그리하여 단지 자기가 믿고 싶었던 것만을 믿고 있는지도 모른다고 그는 생각했다. 이런 까닭에 그는 이 문제에 관해서 우리와 토론할 수 있게 된 것을 기뻐했다.

언젠가 우리의 의견 불일치가 그의 마음을 서운하게 하지나 않을까 하여 반대 의견을 말하기를 주저하자, 그는 우리에게 자기에 관해서보다도 오히려 진리에 관해서 더 많이 생각하라고 권한 적이 있었다.

"내가 진실을 말한다고 생각하면 나에게 동의하게. 그러나 그렇지 않으면 자네가 가지고 있는 모든 것을 동원해서라도 나에게 반대하게. 내가 자신의 생각에 열중한 나머지 자네들을 속이는 것은 아닌지, 또 벌처럼 내 침(針)을 자네들의 몸에 꽂아 놓고 달아나는 것은 아닌지 잘 살펴보게."

나는 그가 한 말에 관해서 더 이야기할 수 없다. 플라톤은 그날 아침 침상에서 일어날 수 없을 정도로 아팠던 까닭에 감옥에는 올 수 없었지만, 이때의 일을 전해 들었을 것이고, 또 훌륭하게 기록할 것이다. 우리들 중 몇몇이 그에게 이때의 일을 전해주었는데, 그것이 훗날 그의 마음속에서 자라났으리라고 나는 생각한다. 그것 즉 어떤 종류의 성장이야말로 결국 소크라테스가 우리들 각자에게 바랐던 것이었으리라. 아마 그날 그가 한 말은 내 마음속에서도 자랐을 것이다. 그러나 내가 기억하고 있는 것은 그의 이론이 아니라 우리들의 친구 소크라테스이다. 그는 언제나 그 자신이 최선의 이론이었다. 그는 최후의 순간까지 죽음은 자기의 종말이 될 수 없음을 믿고 있었다. 그리고 그에 대해서 생각할 때 나도 이것을 믿을 수 있다.

그가 백조에 관한 이야기를 했을 때의 모습을 나는 아직도 생생히 기억한다. 그는 우리에게 백조는 죽을 때 무척이나 아름다운 노래를 부른다는 것을 상기시켜 주었다. 새들은 고통 때문에 우는 것이 아니건만, 사람들은 대부분 백조가 죽을 때 슬퍼서 노래한다고 여긴다는 것이었다. 그리고 백조가 아폴론의 새인 것처럼 자기는 아폴론의 종이라는 것이었다. 아폴론의 종들은 예언의 능력을 가지고 있기에, 다음 세상에 좋은 일이 있을 것을 보고 기뻐서 노래하는 것이라고 했다.

마지막 무렵 잊혀지지 않는 일이 또 하나 있었다. 그는 우리에게 죽음의 저편에서는 자신과 우리들 각자에게 정의와 점진적 정화가 있게 될 것이라는 점을 이야기해 주려던 참이었다. 그는 그 자세한 점에까지 자기의 생각을 고집하지는 않았지만 그것은 좋은 모험이요, 따라서 우리는 용기를 가져야 하며, 우리의 영혼을 보살피되 조화와 의로움, 그리고 용기와 관후(寬厚)함과 진리라는 영혼 자체의 아름다움을 돌보아야 한다고 말했다. 이때 나는 우리가 그를 위해서 무엇을 할 수 있는지 물어 보았다. 그러자 그는 지금 새삼스럽게 무엇을 하겠느냐면서, 다만 우리 자신을 잘 돌보는 것만이 남아 있을 뿐이라고 말했다. 이제는 많은 말을 할 필요가 없었다. 중요한 것은 우리가 어떻게 사느냐 하는 것이었다.

끝으로 나는 그가 어떻게 매장되었으면 하는지 물었다. 이때 그가 했던 말을 나는 거의 정확하게 기억하고 있다.

"아무렇게나 자네 좋을 대로 하게. 자네가 나를 붙들어 내가 달아나지 않으면 말일세."

그는 나를 보고 부드러운 웃음을 짓고는 다른 사람들을 쳐다보며 이렇게 말했다.

"나는 지금까지 대화를 나누며 논의를 전개했던 바로 그 소크라테스일세. 크리톤에게 이 사실을 알아듣게 설명할 수가 없군그래. 그는 나를 잠시 후 그가 보게 될 시체라고 생각하고, 어떻게 장사지낼까 걱정하네 그려.

나는 지금까지 오랜 시간 자네들과 나 자신을 위로하며, 내가 독약을 마시면 내가 자네들과 함께 머물지 않고 저 축복받은 자들이 있는 즐거운 곳으로 떠나가게 된다고 말해 왔네.

하지만 내가 한 이 모든 말이 크리톤에게는 아무런 감명도 주지 못한 것 같군. 그러니 자네들은 나를 위하여 크리톤에게 보증인이 되어 주게. 크리톤이 법정에 대하여 내 보증인이 된 것과 반대의 보증을 서주는 보증인 말일세. 그러니까 그는 내가 아테네에 머무를 것을 보증했지만 자네들은 내가 죽으면 여기에 머무르지 않고 떠나가 버린다는 것을 보증해 주게. 그렇게 하면 크리톤도 내가 죽었다는 것을 그리 비통해 하지 않을 것이고, 내 신체가 파묻히거나 불태워질 때 내가 끔찍한 일을 당하기라도 한 것처럼 슬퍼하지 않을 것이며, 어쩌면 내 장례식 때 '이것이 소크라테스의 장례다'라고 말하지도 않을 것이네. 친애하는 크리톤, 부정확한 말은 거북할 뿐만 아니라 우리들의 영혼 속에 화를 가져오는 것일세. 그러니 기운을 내게. 그리고 자네가 태우는 것은 내 신체라고 말하게. 내 신체를 자네 마음대로, 세상 관례에 가장 잘 어울린다고 생각하는 대로 하게."

 이 말을 마치자 그는 목욕하기 위해 딴 방으로 갔다. 나는 그를 따라가서 그가 목욕하는 동안 함께 있었다. 그리고 그때 다시 감옥으로 찾아온 그의 아이들과 크산티페와 친척 부인들과 이야기를 나누었다. 이야기는 꽤 길어졌다. 바깥방에서 기다리고 있던 친구들한테로 우리가 돌아갔을 때는 거의 해가 질 무렵이었다.

 그는 그곳에 꽤 오래 앉아 있었는데 별로 말을 하지 않았다. 그러자 간수가 들어와서 이제는 시간이 되었다고, 섭섭하게 되었노라고 말하며 눈물을 흘리면서, 지금까지 이곳에 들어온 사람들 가운데 가장 훌륭하고 친절한 분이라고 말했다. 소크라테스는 그에게 따뜻하게 말을 건넸다.

 나는 해가 아직도 산 위에 있으니 지금 독약을 마시지 않아도 된다고 말했다. 내가 이렇게 말한 것은 두려움 때문이었다. 그러나 그는 두려움을 가지지 않았고, 나에게 약을 가져오라는 말을 하게 하였다. 마침내 약 사발을 든 사람이 들어왔다.

 "어떻게 할까요? 신에게 드리는 기도의 의미로 조금 쏟아도 괜찮겠소?"

소크라테스가 물었다. 약 사발을 들고 온 사람은 안 된다고 말했다.

 "잘 알겠소. 그러나 이 세상에서 저 세상으로 가는 여행이 복된 것이 되도록 기도하는 일은 허락될 테지. 난 그 기도를 해야만 하오. 이것이 내 기도요. 신이여, 이 기도가 꼭 이루어지게 하소서."

 말을 마친 후 그는 잔을 들고 마셨다.

 이때 나는 참을 수 없어서 일어서서 방 저쪽 구석으로 가서 울음을 터뜨렸다. 소년 파이돈이 나를 따라왔다. 아폴로도루스는 온 종일 찔끔찔끔 울고 있었는데, 만일 이때 소크라테스가 말리지 않았더라면 크게 소리 내어 울어 우리 모두를 완전히 통곡하게 만들었을 것이다.

 "이 무슨 망측한 꼴들인고!"

 그는 굳센 어조로 말했다.

 "그러기에 내가 부인들을 돌려보낸 게 아닌가! 이런 잘못을 저지르지 못하도록 말이야. 사람은 조용히 죽어야 한다고 나는 들어 왔네. 마음을 가라앉히고 참게."

 우리는 부끄러운 생각이 들어 눈물을 감추었다. 소크라테스는 시키는 대로 한참 동안 거닐었다. 그리고 침대에 누웠다. 잠시 후 그는 얼굴을 덮었던 것을 벗고 — 얼굴을 덮고 있었던 것이다 — 말했다. 이것이 그의 마지막 말이었다.

 "크리톤. 우린 의술의 신 아스클레피오스에게 수탉 한 마리를 바쳐야 하네. 자네가 바쳐 주겠나? 잊지 말게."

다음날 나는 수탉을 잡아 제물로 바쳤다. 의술의 신 아스클레피오스는 소크라테스가 이것으로 어떤 착한 일을 생각하고 있었는가를 알 것이다. 우리는 소크라테스의 시체를 매장했다. 나는 소크라테스 자신이 그곳에 없다고 생각한다. 나는 그가 어디에 있든 만사가 잘 되리라 생각한다.

소크라테스(개정판)

2010년 3월 25일 · 개정판 1쇄 발행

지은이 · 코라 메이슨
옮긴이 · 최명관
펴낸이 · 이규인
펴낸곳 · 도서출판 **창**
등록번호 · 제15-454호
등록일자 · 2004년 3월 25일

주소 · 서울특별시 마포구 합정동 388-28번지 합정빌딩 3층
전화 · 322-2686, 2687 / 팩시밀리 · 326-3218
홈페이지 · http://www.changbook.co.kr
e-mail · changbook1@hanmail.net

ISBN 978-89-7453-153-9   04100

정가 12,000원

* 잘못 만들어진 책은 <도서출판 **창** >에서 바꾸어 드립니다.

　* 이 책의 저작권은 <도서출판 창>에 있습니다.
　　저작권법에 의해 보호를 받는 저작물이므로
　　무단 전재와 복제를 금합니다.

예수의 생애

에르네스뜨 르낭 지음 / 최명관 옮김

이 책이 1863년에 나오자 세상은 격찬과 매도(罵倒)로 들끓었으며, 굉장한 성공을 거두었다. 간행된 지 4개월 만에 6만 부가 판매되었고, 일 년 반이 채 안 되는 동안에 11개 국어로 번역되었다. 1863년과 1864년 동안에만 찬반 논문이 80편이나 나왔다.

이웃 일본에서는 늦게나마 1908년에 첫 번역이 나왔고 우리나라에서 이 책을 처음으로 1967년 훈복문화사에서 발행하였다. 이 책의 제목에 '신판'이 들어간 것은 지은이가 새 판본을 간행했다는 것은 아니고, 역자가 1967년에 옮긴 책을 처음 간행할 때에 원서에 있는 13판 머리말과 참고문헌을 넣지 않았던 것을 이번에 넣은 것이다.

존 스튜어트 밀 자서전

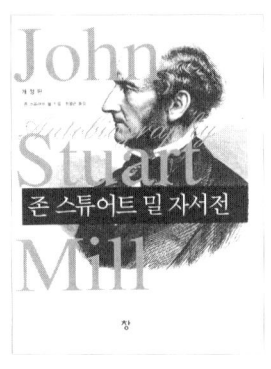

존 스튜어트 밀 지음 / 최명관 옮김

밀 자서전은 19세기 지성사의 가장 중요한 문서 중의 하나이다. 모든 이야기는 그의 정신의 성장과 사상의 발전을 중심삼아 전개되고 있다. 거기에는 19세기의 사회적 정세와 사상적 상황에 처하여 심각하게 고민하고 진지하게 사색한 그리고 인류의 복리를 위하여 분투한 하나의 뛰어난 정신의 모습이 그려져 있다.

방법서설 · 성찰 · 데카르트 연구

르네 데카르트 지음 / 최명관 옮김

이 책에는 데카르트의 저서 ≪방법서설≫·≪성찰≫의 번역과 데카르트 연구로서 ≪데카르트의 중심 사상과 현대적 정신의 형성≫·≪데카르트의 생애≫가 수록되어 있다. ≪데카르트의 중심 사상과 현대적 정신의 형성≫은 필자가 1972년 철학 박사 학위 논문으로 제출하여 1973년 2월에 학위를 받은 것이다. 나머지 셋, 즉 ≪방법서설≫·≪성찰≫·≪데카르트의 생애≫는 1970년 9월 ≪데카르트 선집(選集)1≫이라 하여 출판되었다.

플라톤의 대화편

플라톤 지음 / 최명관 옮김

플라톤은 특히 초기 작품들을 통하여 소크라테스의 모습을 생생하게 그려냄으로써 영원의 생명을 획득하였다. 여기 그려진 소크라테스의 모습은 역사적 진실이 아닐지도 모른다. 그러나 "시는 역사보다 더 진실하다."라고 하듯이, 그것은 하나의 살아 있는 전체로서의 소크라테스의 인간상을 예술적으로 훌륭하게 그려내고 있는 것이다. 에우튀프론, 소크라테스의 변론, 크리톤, 파이돈, 향연 5편이 수록되어 있다.

니코마코스 윤리학

아리스토텔레스 지음 / 최명관 옮김

인류문학의 최고봉의 하나를 이룩한 B.C. 5세기의 아테네에서 소크라테스는 고매한 인격을 가지고 깊은 철학적 사색을 끈기 있게 전개하였다. 그의 철학적 사색은 플라톤에 의하여 극적(劇的) 형식(形式)으로 집대성되어 표현되었고, 아리스토텔레스에 의하여 학문적 체계가 갖추어지게 되었다. 소크라테스·플라톤·아리스토텔레스는 그리스 정신문화의 3대 지주이고 원천이었다. 아리스토텔레스 이후로는 그만한 학문적 체계가 13세기 내지 19세기까지 나타나지 못했다. 13세기의 토마스 아퀴나스에 이르러 서양 문화는 다시 한 번 아리스토텔레스의 그것에 못지않은 광범하고 심오한 문학적 체계를 얻었다. 또한 아퀴나스는 아리스토텔레스의 철학 정신과 방법을 자기의 철학 및 신학의 기초로 삼았다. 아리스토텔레스의 영향은 그 자신의 시대 이후 지금까지 끊임이 없었다. 이것은 무엇보다도 그의 철학 속에 여러 가지 학문적 술어의 정의와 구별 및 후대의 과학의 기초를 이루는 신념들이 내포된 때문이다.